PREFACIO

La colección de guías de conversación para viajar "Todo irá bien" publicada por T&P Books está diseñada para personas que viajan al extranjero para turismo y negocios. Las guías contienen lo más importante - los elementos esenciales para una comunicación básica.Éste es un conjunto de frases imprescindibles para "sobrevivir" mientras está en el extranjero.

Esta guía de conversación le ayudará en la mayoría de los casos donde usted necesite pedir algo, conseguir direcciones, saber cuánto cuesta algo, etc. Puede también resolver situaciones difíciles de la comunicación donde los gestos no pueden ayudar.

Este libro contiene una gran cantidad de frases que han sido agrupadas según los temas más relevantes. Esta edición también incluye un pequeño vocabulario que contiene alrededor de 3.000 de las palabras más frecuentemente usadas.Otra sección de la guía proporciona un glosario gastronómico que le puede ayudar a pedir los alimentos en un restaurante o a comprar comestibles en la tienda.

Llévese la guía de conversación "Todo irá bien" en el camino y tendrá una insustituible compañera de viaje que le ayudará a salir de cualquier situación y le enseñará a no temer hablar con extranjeros.

TABLA DE CONTENIDOS

T&P Books Publishing

Colección de guías de conversación
"¡Todo irá bien!"

T&P Books Publishing

GUÍA DE CONVERSACIÓN

— ALEMÁN —

Andrey Taranov

LAS PALABRAS Y LAS FRASES MÁS ÚTILES

Esta Guía de Conversación
contiene las frases y las
preguntas más comunes
necesitadas para una
comunicación básica
con extranjeros

T&P BOOKS

Guía de conversación + diccionario de 3000 palabras

Guía de conversación Español-Alemán y vocabulario temático de 3000 palabras

por Andrey Taranov

La colección de guías de conversación para viajar "Todo irá bien" publicada por T&P Books está diseñada para personas que viajan al extranjero para turismo y negocios. Las guías contienen lo más importante - los elementos esenciales para una comunicación básica. Éste es un conjunto de frases imprescindibles para "sobrevivir" mientras está en el extranjero.

Este libro también incluye un pequeño vocabulario temático que contiene alrededor de 3.000 de las palabras más frecuentemente usadas. Otra sección de la guía proporciona un glosario gastronómico que le puede ayudar a pedir los alimentos en un restaurante o a comprar comestibles en la tienda.

T&P Books Publishing
www.tpbooks.com

ISBN: 978-1-78492-653-3

Este libro está disponible en formato electrónico o de E-Book también.
Visite www.tpbooks.com o las librerías electrónicas más destacadas en la Red.

PRONUNCIACIÓN

T&P alfabeto fonético	Ejemplo alemán	Ejemplo español

Las vocales

[a]	Blatt	radio
[ɐ]	Meister	altura
[e]	Melodie	verano
[ɛ]	Herbst	mes
[ə]	Leuchte	llave
[ɔ]	Knopf	costa
[o]	Operette	bordado
[œ]	Förster	alemán - Hölle
[ø]	nötig	alemán - Hölle
[æ]	Los Angeles	vencer
[i]	Spiel	ilegal
[ɪ]	Absicht	abismo
[ʊ]	Skulptur	pulpo
[u]	Student	mundo
[y]	Pyramide	pluma
[ʏ]	Eukalyptus	pluma

Las consonantes

[b]	Bibel	en barco
[d]	Dorf	desierto
[f]	Elefant	golf
[ʒ]	Ingenieur	adyacente
[dʒ]	Jeans	jazz
[j]	Interview	asiento
[g]	August	jugada
[h]	Haare	registro
[ç]	glücklich	mujer
[x]	Kochtopf	reloj
[k]	Kaiser	charco
[l]	Verlag	lira

T&P alfabeto fonético	Ejemplo alemán	Ejemplo español
[m]	Messer	nombre
[n]	Norden	número
[ŋ]	Onkel	manga
[p]	Gespräch	precio
[r]	Force majeure	era, alfombra
[ʁ]	Kirche	R francesa (gutural)
[ʀ]	fragen	[r] vibrante
[s]	Fenster	salva
[t]	Foto	torre
[ʦ]	Gesetz	tsunami
[ʃ]	Anschlag	shopping
[ʧ]	Deutsche	mapache
[w]	Sweater	acuerdo
[v]	Antwort	travieso
[z]	langsam	desde

Los diptongos

[aɪ]	Speicher	bayoneta
[ɪa]	Miniatur	araña
[ɪo]	Radio	yogur
[jo]	Illustration	yogur
[ɔɪ]	feucht	boina
[ɪe]	Karriere	miércoles

Símbolos adicionales

[']	['aːbɐ]	acento primario
[ˌ]	['dɛŋkˌmaːl]	acento secundario
[ʔ]	[oˈliːvɐnˌʔøːl]	oclusiva glotal sorda
[ː]	['myːlə]	vocal larga
[·]	['ʀaɪzə·byˌʀoː]	punto medio

LISTA DE ABREVIATURAS

Abreviatura en español

adj	-	adjetivo
adv	-	adverbio
anim.	-	animado
conj	-	conjunción
etc.	-	etcétera
f	-	sustantivo femenino
f pl	-	femenino plural
fam.	-	uso familiar
fem.	-	femenino
form.	-	uso formal
inanim.	-	inanimado
innum.	-	innumerable
m	-	sustantivo masculino
m pl	-	masculino plural
m, f	-	masculino, femenino
masc.	-	masculino
mat	-	matemáticas
mil.	-	militar
num.	-	numerable
p.ej.	-	por ejemplo
pl	-	plural
pron	-	pronombre
sg	-	singular
v aux	-	verbo auxiliar
vi	-	verbo intransitivo
vi, vt	-	verbo intransitivo, verbo transitivo
vr	-	verbo reflexivo
vt	-	verbo transitivo

Abreviatura en alemán

f	-	sustantivo femenino
f pl	-	femenino plural
f, n	-	femenino, neutro
m	-	sustantivo masculino
m pl	-	masculino plural

m, f	-	masculino, femenino
m, n	-	masculino, neutro
n	-	neutro
n pl	-	género neutro plural
pl	-	plural
v mod	-	verbo modal
vi	-	verbo intransitivo
vi, vt	-	verbo intransitivo, verbo transitivo
vt	-	verbo transitivo

T&P BOOKS

GUÍA DE CONVERSACIÓN ALEMÁN

Esta sección contiene frases importantes que pueden resultar útiles en varias situaciones de la vida real. La Guía le ayudará a pedir direcciones, aclaración sobre precio, comprar billetes, y pedir alimentos en un restaurante

T&P Books Publishing

CONTENIDO DE LA GUÍA DE CONVERSACIÓN

T&P Books Publishing

Lo más imprescindible

Perdone, …	**Entschuldigen Sie bitte, …** [ɛntˈʃʊldɪɡən ziː ˈbɪtə, …]
Hola.	**Hallo.** [haˈloː]
Gracias.	**Danke.** [ˈdaŋkə]

Sí.	**Ja.** [jaː]
No.	**Nein.** [naɪn]
No lo sé.	**Ich weiß nicht.** [ɪç vaɪs nɪçt]
¿Dónde? | ¿A dónde? | ¿Cuándo?	**Wo? | Wohin? | Wann?** [voː? | voˈhɪn? | van?]

Necesito …	**Ich brauche …** [ɪç ˈbʀaʊχə …]
Quiero …	**Ich möchte …** [ɪç ˈmœçtə …]
¿Tiene …?	**Haben Sie …?** [ˈhaːbən ziː …?]
¿Hay … por aquí?	**Gibt es hier …?** [giːpt ɛs hiːɐ …?]
¿Puedo …?	**Kann ich …?** [kan ɪç …?]
…, por favor? (petición educada)	**Bitte** [ˈbɪtə]

Busco …	**Ich suche …** [ɪç ˈzuːχə …]
el servicio	**Toilette** [toaˈlɛtə]
un cajero automático	**Geldautomat** [ˈɡɛltʔaʊtoˌmaːt]
una farmacia	**Apotheke** [apoˈteːkə]
el hospital	**Krankenhaus** [ˈkʀaŋkənˌhaʊs]

la comisaría	**Polizeistation** [poliˈtsaɪˌʃtaˌtsjoːn]
el metro	**U-Bahn** [ˈuːbaːn]

un taxi	**Taxi** ['taksi]
la estación de tren	**Bahnhof** ['baːnˌhoːf]

Me llamo …	**Ich heiße …** [ɪç 'haɪsə …]
¿Cómo se llama?	**Wie heißen Sie?** [viː 'haɪsən ziː?]
¿Puede ayudarme, por favor?	**Helfen Sie mir bitte.** ['hɛlfən ziː miːɐ 'bɪtə]
Tengo un problema.	**Ich habe ein Problem.** [ɪç 'haːbə aɪn pʀo'bleːm]
Me encuentro mal.	**Mir ist schlecht.** [miːɐ ɪs ʃlɛçt]
¡Llame a una ambulancia!	**Rufen Sie einen Krankenwagen!** ['ʀuːfən ziː 'aɪnən 'kʀaŋkənˌvaːgən!]
¿Puedo llamar, por favor?	**Darf ich telefonieren?** [daʁf ɪç telefo'niːʀən?]

Lo siento.	**Entschuldigung.** [ɛnt'ʃʊldɪgʊŋ]
De nada.	**Keine Ursache.** ['kaɪnə 'uːɐˌzaχə]

Yo	**ich** [ɪç]
tú	**du** [duː]
él	**er** [eːɐ]
ella	**sie** [ziː]
ellos	**sie** [ziː]
ellas	**sie** [ziː]
nosotros /nosotras/	**wir** [viːɐ]
ustedes, vosotros	**ihr** [iːɐ]
usted	**Sie** [ziː]

ENTRADA	**EINGANG** ['aɪnˌgaŋ]
SALIDA	**AUSGANG** ['aʊsˌgaŋ]
FUERA DE SERVICIO	**AUßER BETRIEB** [ˌaʊsɐ bə'tʀiːp]
CERRADO	**GESCHLOSSEN** [gə'ʃlɔsən]

ABIERTO	**OFFEN** ['ɔfən]
PARA SEÑORAS	**FÜR DAMEN** [fyːɐ 'damən]
PARA CABALLEROS	**FÜR HERREN** [fyːɐ 'hɛʀən]

Preguntas

¿Dónde?

Wo?
[voː?]

¿A dónde?

Wohin?
[voˈhɪn?]

¿De dónde?

Woher?
[voˈheːɐ?]

¿Por qué?

Warum?
[vaˈʀʊm?]

¿Con que razón?

Wozu?
[voˈtsuː?]

¿Cuándo?

Wann?
[van?]

¿Cuánto tiempo?

Wie lange?
[viː ˈlaŋə?]

¿A qué hora?

Um wie viel Uhr?
[ʊm viː fiːl uːɐ?]

¿Cuánto?

Wie viel?
[viː fiːl?]

¿Tiene ...?

Haben Sie ...?
[ˈhaːbən ziː ...?]

¿Dónde está ...?

Wo befindet sich ...?
[voː bəˈfɪndət zɪç ...?]

¿Qué hora es?

Wie spät ist es?
[viː ʃpɛːt ist ɛs?]

¿Puedo llamar, por favor?

Darf ich telefonieren?
[daʁf ɪç telefoˈniːʀən?]

¿Quién es?

Wer ist da?
[veːɐ ist daː?]

¿Se puede fumar aquí?

Darf ich hier rauchen?
[daʁf ɪç hiːɐ ˈʀaʊχən?]

¿Puedo ...?

Darf ich ...?
[daʁf ɪç ...?]

Necesidades

Quisiera ...	**Ich hätte gerne ...** [ɪç 'hɛtə 'gɛʁnə ...]
No quiero ...	**Ich will nicht ...** [ɪç vɪl nɪçt ...]
Tengo sed.	**Ich habe Durst.** [ɪç 'ha:bə dʊʁst]
Tengo sueño.	**Ich möchte schlafen.** [ɪç 'mœçtə 'ʃla:fən]

Quiero ...	**Ich möchte ...** [ɪç 'mœçtə ...]
lavarme	**abwaschen** [ap'vaʃən]
cepillarme los dientes	**meine Zähne putzen** ['maɪnə 'tsɛ:nə 'pʊtsən]
descansar un momento	**eine Weile ausruhen** ['aɪnə 'vaɪlə 'aʊs,ʁu:ən]
cambiarme de ropa	**meine Kleidung wechseln** ['maɪnə 'klaɪdʊŋ 'vɛksəln]

volver al hotel	**zurück ins Hotel gehen** [tsu'ʁʏk ɪns ho'tɛl 'ge:ən]
comprar ...	**... kaufen** [... 'kaʊfən]
ir a ...	**... gehen** [... 'ge:ən]
visitar ...	**... besuchen** [... bə'zuχən]
quedar con ...	**... treffen** [... 'tʁɛfən]
hacer una llamada	**einen Anruf tätigen** ['aɪnən 'an,ʁu:f 'tɛ:tɪgən]

Estoy cansado /cansada/.	**Ich bin müde.** [ɪç bɪn 'my:də]
Estamos cansados /cansadas/.	**Wir sind müde.** [vi:ɐ zɪnt 'my:də]
Tengo frío.	**Mir ist kalt.** [mi:ɐ ɪs kalt]
Tengo calor.	**Mir ist heiß.** [mi:ɐ ɪs haɪs]
Estoy bien.	**Mir passt es.** [mi:ɐ past ɛs]

Tengo que hacer una llamada.

Ich muss telefonieren.
[ɪç mʊs telefoˈniːʁən]

Necesito ir al servicio.

Ich muss auf die Toilette.
[ɪç mʊs ˈaʊf di toaˈlɛtə]

Me tengo que ir.

Ich muss gehen.
[ɪç mʊs ˈɡeːən]

Me tengo que ir ahora.

Ich muss jetzt gehen.
[ɪç mʊs jɛtst ˈɡeːən]

Preguntar por direcciones

Perdone, …	**Entschuldigen Sie bitte, …** [ɛnt'ʃuldɪgən ziː 'bɪtə, …]
¿Dónde está …?	**Wo befindet sich …?** [voː bə'fɪndət zɪç …?]
¿Por dónde está …?	**Welcher Weg ist …?** ['vɛlçə veːk ist …?]
¿Puede ayudarme, por favor?	**Könnten Sie mir bitte helfen?** ['kœntən ziː miːɐ 'bɪtə 'hɛlfən?]

Busco …	**Ich suche …** [ɪç 'zuːχə …]
Busco la salida.	**Ich suche den Ausgang.** [ɪç 'zuːχə den 'aʊsˌgaŋ]
Voy a …	**Ich fahre nach …** [ɪç 'faːʀə naːχ …]
¿Voy bien por aquí para …?	**Gehe ich richtig nach …?** ['geːə ɪç 'ʀɪçtɪç naːχ …?]

¿Está lejos?	**Ist es weit?** [ist ɛs vaɪt?]
¿Puedo llegar a pie?	**Kann ich dort zu Fuß hingehen?** [kan ɪç dɔʀt tsu fuːs 'hɪnˌgeːən?]
¿Puede mostrarme en el mapa?	**Können Sie es mir auf der Karte zeigen?** ['kœnən ziː ɛs miːɐ aʊf deːɐ 'kaʀtə 'tsaɪgən?]
Por favor muestreme dónde estamos.	**Zeigen Sie mir wo wir gerade sind.** ['tsaɪgən ziː miːɐ voː viːɐ gə'ʀaːdə zɪnt]

Aquí	**Hier** ['hiːɐ]
Allí	**Dort** [dɔʀt]
Por aquí	**Hierher** ['hiːɐ'heːɐ]

Gire a la derecha.	**Biegen Sie rechts ab.** ['biːgən ziː ʀɛçts ap]
Gire a la izquierda.	**Biegen Sie links ab.** ['biːgən ziː lɪŋks ap]
la primera (segunda, tercera) calle	**erste (zweite, dritte) Abzweigung** ['ɛʀstə ('tsvaɪtə, 'dʀɪtə) 'apˌtsvaɪgʊŋ]
a la derecha	**nach rechts** [naːχ ʀɛçts]

a la izquierda

nach links
[naːχ lɪŋks]

Siga recto.

Laufen Sie geradeaus.
['laʊfən ziː gəʀaːdə'ʔaʊs]

Carteles

¡BIENVENIDO!	**HERZLICH WILLKOMMEN!** ['hɛʁtslɪç vɪl'kɔmən!]
ENTRADA	**EINGANG** ['aɪn,gaŋ]
SALIDA	**AUSGANG** ['aʊs,gaŋ]
EMPUJAR	**DRÜCKEN** ['dʀʏkən]
TIRAR	**ZIEHEN** ['tsiːən]
ABIERTO	**OFFEN** ['ɔfən]
CERRADO	**GESCHLOSSEN** [gə'ʃlɔsən]
PARA SEÑORAS	**FÜR DAMEN** [fyːɐ 'damən]
PARA CABALLEROS	**FÜR HERREN** [fyːɐ 'hɛʀən]
CABALLEROS	**HERREN-WC** ['hɛʀən-veˈtseː]
SEÑORAS	**DAMEN-WC** ['daːmən-veˈtseː]
REBAJAS	**RABATT | REDUZIERT** [ʀa'bat | ʀedu'tsiːɐt]
VENTA	**AUSVERKAUF** ['aʊsfɛɐˌkaʊf]
GRATIS	**GRATIS** ['gʀaːtɪs]
¡NUEVO!	**NEU!** [nɔɪ!]
ATENCIÓN	**ACHTUNG!** ['aχtʊŋ!]
COMPLETO	**KEINE ZIMMER FREI** ['kaɪnə 'tsɪmɐ fʀaɪ]
RESERVADO	**RESERVIERT** [ʀezɛɐ'viːɐt]
ADMINISTRACIÓN	**VERWALTUNG** [fɛɐ'valtʊŋ]
SÓLO PERSONAL AUTORIZADO	**NUR FÜR PERSONAL** [nuːɐ fyːɐ pɛʀzo'naːl]

CUIDADO CON EL PERRO

BISSIGER HUND
['bɪsɪgɐ hʊnt]

NO FUMAR

RAUCHEN VERBOTEN
['ʀaʊχən fɛɐ'boːtən]

NO TOCAR

NICHT ANFASSEN!
[nɪçt 'anfasən!]

PELIGROSO

GEFÄHRLICH
[gə'fɛːɐlɪç]

PELIGRO

GEFAHR
[gə'faːɐ]

ALTA TENSIÓN

HOCHSPANNUNG
['hoːχʃpanʊŋ]

PROHIBIDO BAÑARSE

BADEN VERBOTEN
['baːdən fɛɐ'boːtən]

FUERA DE SERVICIO

AUßER BETRIEB
[ˌaʊsɐ bə'tʀiːp]

INFLAMABLE

LEICHTENTZÜNDLICH
['laɪçtʔɛn'tsʏntlɪç]

PROHIBIDO

VERBOTEN
[fɛɐ'boːtən]

PROHIBIDO EL PASO

DURCHGANG VERBOTEN
['dʊʀçˌgaŋ fɛɐ'boːtən]

RECIÉN PINTADO

FRISCH GESTRICHEN
[fʀɪʃ gə'ʃtʀɪçən]

CERRADO POR RENOVACIÓN

WEGEN RENOVIERUNG
GESCHLOSSEN
['veːgən ʀeno'viːʀʊŋ
gə'ʃlɔsən]

EN OBRAS

ACHTUNG BAUARBEITEN
['aχtʊŋ 'baʊʔaʀˌbaɪtən]

DESVÍO

UMLEITUNG
['ʊmˌlaɪtʊŋ]

Transporte. Frases generales

el avión	**Flugzeug** ['flu:kˌtsɔɪk]
el tren	**Zug** [tsu:k]
el bus	**Bus** [bʊs]
el ferry	**Fähre** ['fɛːʀə]
el taxi	**Taxi** ['taksi]
el coche	**Auto** ['aʊto]
el horario	**Zeitplan** ['tsaɪtˌplaːn]
¿Dónde puedo ver el horario?	**Wo kann ich den Zeitplan sehen?** [vɔː kan ɪç den 'tsaɪtˌplaːn 'zeːən?]
días laborables	**Arbeitstage** ['aʀbaɪtsˌtaːgə]
fines de semana	**Wochenenden** ['vɔχənˌʔɛndən]
días festivos	**Ferien** ['feːʀɪən]
SALIDA	**ABFLUG** ['apfluːk]
LLEGADA	**ANKUNFT** ['ankʊnft]
RETRASADO	**VERSPÄTET** [fɛɐ'ʃpɛːtət]
CANCELADO	**GESTRICHEN** [gə'ʃtʀɪçən]
siguiente (tren, etc.)	**nächster** ['nɛːçstə]
primero	**erster** ['eːɐstə]
último	**letzter** ['lɛtstə]
¿Cuándo pasa el siguiente ...?	**Wann kommt der nächste ...?** [van kɔmt deːɐ 'nɛːçstə ...?]
¿Cuándo pasa el primer ...?	**Wann kommt der erste ...?** [van kɔmt deːɐ 'ɛʀstə ...?]

¿Cuándo pasa el último …?

Wann kommt der letzte …?
[van kɔmt deːɐ ˈlɛtstə …?]

el trasbordo (cambio de trenes, etc.)

Transfer
[tʀansˈfeːɐ]

hacer un trasbordo

einen Transfer machen
[ˈaɪnən tʀansˈfeːɐ ˈmaχən]

¿Tengo que hacer un trasbordo?

Muss ich einen Transfer machen?
[mʊs ɪç ˈaɪnən tʀansˈfeːɐ ˈmaχən?]

Comprar billetes

¿Dónde puedo comprar un billete?	**Wo kann ich Fahrkarten kaufen?** [vo: kan ɪç 'faːɐ̯ˌkaʁtən 'kaʊfən?]
el billete	**Fahrkarte** ['faːɐ̯ˌkaʁtə]
comprar un billete	**Eine Fahrkarte kaufen** [aɪnə 'faːɐ̯ˌkaʁtə 'kaʊfən]
precio del billete	**Fahrpreis** ['faːɐ̯ˌpʁaɪs]

¿Para dónde?	**Wohin?** [vo'hɪn?]
¿A qué estación?	**Welche Station?** ['vɛlçə ʃta'tsjoːn?]
Necesito ...	**Ich brauche ...** [ɪç 'bʁaʊxə ...]
un billete	**eine Fahrkarte** ['aɪnə 'faːɐ̯ˌkaʁtə]
dos billetes	**zwei Fahrkarten** ['tsvaɪ 'faːɐ̯ˌkaʁtən]
tres billetes	**drei Fahrkarten** [dʁaɪ 'faːɐ̯ˌkaʁtən]

sólo ida	**in eine Richtung** [ɪn 'aɪnə 'ʁɪçtʊŋ]
ida y vuelta	**hin und zurück** [hɪn ʊnt tsu'ʁʏk]
en primera (primera clase)	**erste Klasse** ['ɛʁstə 'klasə]
en segunda (segunda clase)	**zweite Klasse** ['tsvaɪtə 'klasə]

hoy	**heute** ['hɔɪtə]
mañana	**morgen** ['mɔʁgən]
pasado mañana	**übermorgen** ['yːbɐˌmɔʁgən]
por la mañana	**am Vormittag** [am 'foːɐ̯mɪtaːk]
por la tarde	**am Nachmittag** [am 'naːxmɪˌtaːk]
por la noche	**am Abend** [am 'aːbənt]

asiento de pasillo	**Gangplatz** ['gaŋ‚plats]
asiento de ventanilla	**Fensterplatz** ['fɛnstɐ‚plats]
¿Cuánto cuesta?	**Wie viel?** [vi: fi:l?]
¿Puedo pagar con tarjeta?	**Kann ich mit Karte zahlen?** [kan ɪç mɪt 'kaʁtə 'tsa:lən?]

Autobús

el autobús	**Bus** [bʊs]
el autobús interurbano	**Fernbus** ['fɛʁnbʊs]
la parada de autobús	**Bushaltestelle** ['bʊshaltəʃtɛlə]
¿Dónde está la parada de autobuses más cercana?	**Wo ist die nächste Bushaltestelle?** [vo: ist di 'nɛːçstə 'bʊshaltəʃtɛlə?]

número	**Nummer** ['nʊmə]
¿Qué autobús tengo que tomar para ...?	**Welchen Bus nehme ich um** **nach ... zu kommen?** ['vɛlçən bʊs 'neːmə ɪç ʊm naːχ ... tsu 'kɔmən?]
¿Este autobús va a ...?	**Fährt dieser Bus nach ...?** [fɛːɐt 'diːzɐ bʊs naːχ ...?]
¿Cada cuanto pasa el autobús?	**Wie oft fahren die Busse?** [viː ɔft 'faːʁən di 'bʊsə?]

cada 15 minutos	**alle fünfzehn Minuten** [alə 'fʏnftseːn miˈnuːtən]
cada media hora	**jede halbe Stunde** ['jeːdə 'halbə 'ʃtʊndə]
cada hora	**jede Stunde** ['jeːdə 'ʃtʊndə]
varias veces al día	**mehrmals täglich** ['meːɐmaːls 'tɛːklɪç]
... veces al día	**... Mal am Tag** [... mal am taːk]

el horario	**Zeitplan** ['tsaɪtˌplaːn]
¿Dónde puedo ver el horario?	**Wo kann ich den Zeitplan sehen?** [vo: kan ɪç den 'tsaɪtˌplaːn 'zeːən?]
¿Cuándo pasa el siguiente autobús?	**Wann kommt der nächste Bus?** [van kɔmt deːɐ 'nɛːçstə bʊs?]
¿Cuándo pasa el primer autobús?	**Wann kommt der erste Bus?** [van kɔmt deːɐ 'ɛʁstə bʊs?]
¿Cuándo pasa el último autobús?	**Wann kommt der letzte Bus?** [van kɔmt deːɐ 'lɛtstə bʊs?]
la parada	**Halt** [halt]

la siguiente parada

nächster Halt
['nɛ:çstə halt]

la última parada

letzter Halt
['lɛtstə halt]

Pare aquí, por favor.

Halten Sie hier bitte an.
['haltən zi: hi:ɐ 'bɪtə an]

Perdone, esta es mi parada.

**Entschuldigen Sie mich,
dies ist meine Haltestelle.**
[ɛnt'ʃʊldɪgən zi: mɪç,
di:s ist maɪnə 'haltəʃtɛlə]

Tren

el tren	**Zug** [tsu:k]
el tren de cercanías	**S-Bahn** ['ɛsˌbaːn]
el tren de larga distancia	**Fernzug** ['fɛʁnˌtsu:k]
la estación de tren	**Bahnhof** ['ba:nˌho:f]
Perdone, ¿dónde está la salida al anden?	**Entschuldigen Sie bitte,** **wo ist der Ausgang zum Bahngleis?** [ɛnt'ʃʊldɪgən zi: 'bɪtə, vo: ist deːɐ 'aʊsgaŋ tsʊm 'ba:nˌglaɪs?]

¿Este tren va a …?	**Fährt dieser Zug nach …?** [fɛːɐt 'di:zɐ tsu:k na:χ …?]
el siguiente tren	**nächster Zug** ['nɛːçstɐ tsu:k]
¿Cuándo pasa el siguiente tren?	**Wann kommt der nächste Zug?** [van kɔmt deːɐ 'nɛːçstə tsu:k?]
¿Dónde puedo ver el horario?	**Wo kann ich den Zeitplan sehen?** [vo: kan ɪç den 'tsaɪtˌplaːn 'zeːən?]
¿De qué andén?	**Von welchem Bahngleis?** [fɔn 'vɛlçəm 'ba:nˌglaɪs?]
¿Cuándo llega el tren a …?	**Wann kommt der Zug in … an?** [van kɔmt deːɐ tsu:k ɪn … an?]

Ayudeme, por favor.	**Helfen Sie mir bitte.** ['hɛlfən zi: miːɐ 'bɪtə]
Busco mi asiento.	**Ich suche meinen Platz.** [ɪç 'zu:χə 'maɪnən plats]
Buscamos nuestros asientos.	**Wir suchen unsere Plätze.** [viːɐ 'zu:χən 'ʊnzəʁə 'plɛtsə]

Mi asiento está ocupado.	**Unser Platz ist besetzt.** ['ʊnzɐ plats ist bə'zɛtst]
Nuestros asientos están ocupados.	**Unsere Plätze sind besetzt.** ['ʊnzəʁə 'plɛtsə zɪnt bə'zɛtst]
Perdone, pero ese es mi asiento.	**Entschuldigen Sie,** **aber das ist mein Platz.** [ɛnt'ʃʊldɪgən zi:, 'a:bɐ das ist maɪn plats]

¿Está libre?

Ist der Platz frei?
[ist deːɐ plats fʀaɪ?]

¿Puedo sentarme aquí?

Darf ich mich hier setzen?
[daʁf ɪç mɪç hiːɐ 'zɛtsən?]

En el tren. Diálogo (Sin billete)

Su billete, por favor.	**Fahrkarte bitte.** ['fa:ɐ̯ˌkaʁtə bɪtə]
No tengo billete.	**Ich habe keine Fahrkarte.** [ɪç 'ha:bə kaɪnə 'fa:ɐ̯ˌkaʁtə]
He perdido mi billete.	**Ich habe meine Fahrkarte verloren.** [ɪç 'ha:bə maɪnə 'fa:ɐ̯ˌkaʁtə fɛɐ̯'lo:ʁən]
He olvidado mi billete en casa.	**Ich habe meine Fahrkarte zuhause vergessen.** [ɪç 'ha:bə maɪnə 'fa:ɐ̯ˌkaʁtə tsu'haʊzə fɛɐ̯'gɛsən]

Le puedo vender un billete.	**Sie können von mir eine Fahrkarte kaufen.** [zi: 'kœnən fɔn mi:ɐ̯ 'aɪnə 'fa:ɐ̯ˌkaʁtə 'kaʊfən]
También deberá pagar una multa.	**Sie werden auch eine Strafe zahlen.** [zi: 've:ɐdən aʊχ 'aɪnə 'ʃtʁa:fə 'tsa:lən]
Vale.	**Gut.** [gu:t]
¿A dónde va usted?	**Wohin fahren Sie?** [vo'hɪn 'fa:ʁən zi:?]
Voy a ...	**Ich fahre nach ...** [ɪç 'fa:ʁə na:χ ...]

¿Cuánto es? No lo entiendo.	**Wie viel? Ich verstehe nicht.** [vi: fi:l? ɪç fɛɐ̯'ʃte:ə nɪçt]
Escríbalo, por favor.	**Schreiben Sie es bitte auf.** ['ʃʁaɪbən zi: ɛs 'bɪtə aʊf]
Vale. ¿Puedo pagar con tarjeta?	**Gut. Kann ich mit Karte zahlen?** [gu:t. kan ɪç mɪt 'kaʁtə 'tsa:lən?]
Sí, puede.	**Ja, das können Sie.** [ja:, das 'kœnən zi:]

Aquí está su recibo.	**Hier ist ihre Quittung.** ['hi:ɐ ist 'i:ʁə 'kvɪtʊŋ]
Disculpe por la multa.	**Tut mir leid wegen der Strafe.** [tu:t mi:ɐ laɪt 've:gən de:ɐ 'ʃtʁa:fə]
No pasa nada. Fue culpa mía.	**Das ist in Ordnung.** **Es ist meine Schuld.** [das is ɪn 'ɔʁdnʊŋ. ɛs ist 'maɪnə ʃʊlt]
Disfrute su viaje.	**Genießen Sie Ihre Fahrt.** [gə'ni:sən zi: 'i:ʁə fa:ɐt]

Taxi

taxi	**Taxi** ['taksi]
taxista	**Taxifahrer** ['taksi͵faːʀɐ]
coger un taxi	**Ein Taxi nehmen** [aɪn 'taksi 'neːmən]
parada de taxis	**Taxistand** ['taksi͵ʃtant]
¿Dónde puedo coger un taxi?	**Wo kann ich ein Taxi bekommen?** [voː kan ɪç aɪn 'taksi be'kɔmən?]

llamar a un taxi	**Ein Taxi rufen** [aɪn 'taksi 'ʀuːfən]
Necesito un taxi.	**Ich brauche ein Taxi.** [ɪç 'bʀaʊxə aɪn 'taksi]
Ahora mismo.	**Jetzt sofort.** [jɛtst zo'foʀt]
¿Cuál es su dirección?	**Wie ist Ihre Adresse?** [vi ist 'iːʀə a'dʀɛsə?]
Mi dirección es ...	**Meine Adresse ist ...** ['maɪnə a'dʀɛsə ist ...]
¿Cuál es el destino?	**Ihr Ziel?** [iːɐ tsiːl?]

Perdone, ...	**Entschuldigen Sie bitte, ...** [ɛnt'ʃuldɪgən ziː 'bɪtə, ...]
¿Está libre?	**Sind Sie frei?** [zɪnt ziː fʀaɪ?]
¿Cuánto cuesta ir a ...?	**Was kostet die Fahrt nach ...?** [vas 'koːstət di faːɐt nax ...?]
¿Sabe usted dónde está?	**Wissen Sie wo es ist?** ['vɪsən ziː voː ɛs 'ist?]

Al aeropuerto, por favor.	**Flughafen, bitte.** ['fluːk͵haːfən, 'bɪtə]
Pare aquí, por favor.	**Halten Sie hier bitte an.** ['haltən ziː hiːɐ 'bɪtə an]
No es aquí.	**Das ist nicht hier.** [das is nɪçt hiːɐ]
La dirección no es correcta.	**Das ist die falsche Adresse.** [das is di: 'falʃə a'dʀɛsə]
Gire a la izquierda.	**nach links** [naːx lɪŋks]

Gire a la derecha.

nach rechts
[na:χ ʀɛçts]

¿Cuánto le debo?

Was schulde ich Ihnen?
[vas 'ʃʊldə ɪç 'i:nən?]

¿Me da un recibo, por favor?

Ich würde gerne
ein Quittung haben, bitte.
[ɪç 'vʏʀdə 'gɛʀnə
aɪn 'kvɪtʊŋ 'ha:bən, 'bɪtə]

Quédese con el cambio.

Stimmt so.
[ʃtɪmt zo:]

Espéreme, por favor.

Warten Sie auf mich bitte.
['vaʀtən zi: 'aʊf mɪç 'bɪtə]

cinco minutos

fünf Minuten
[fʏnf mi'nu:tən]

diez minutos

zehn Minuten
[tse:n mi'nu:tən]

quince minutos

fünfzehn Minuten
['fʏnftse:n mi'nu:tən]

veinte minutos

zwanzig Minuten
['tsvantsɪç mi'nu:tən]

media hora

eine halbe Stunde
['aɪnə 'halbə 'ʃtʊndə]

Hotel

Hola. **Guten Tag.**
[ˌɡutən ˈtaːk]

Me llamo … **Mein Name ist …**
[maɪn ˈnaːmə ist …]

Tengo una reserva. **Ich habe eine Reservierung.**
[ɪç ˈhaːbɛ ˈaɪnə ʀɛzɛʀˈviːʀʊŋ]

Necesito … **Ich brauche …**
[ɪç ˈbʀaʊχə …]

una habitación individual **ein Einzelzimmer**
[aɪn ˈaɪntsəlˌtsɪmə]

una habitación doble **ein Doppelzimmer**
[aɪn ˈdɔpəlˌtsɪmə]

¿Cuánto cuesta? **Wie viel kostet das?**
[viː fiːl ˈkɔstət das?]

Es un poco caro. **Das ist ein bisschen teuer.**
[das is aɪn ˈbɪsçən ˈtɔɪe]

¿Tiene alguna más? **Haben Sie sonst noch etwas?**
[ˈhaːbən ziː zɔnst nɔχ ˈɛtvas?]

Me quedo. **Ich nehme es.**
[ɪç ˈneːmə ɛs]

Pagaré en efectivo. **Ich zahle bar.**
[ɪç ˈtsaːlə baːe]

Tengo un problema. **Ich habe ein Problem.**
[ɪç ˈhaːbə aɪn pʀoˈbleːm]

Mi … no funciona. **… ist kaputt.**
[… ɪst kaˈpʊt]

Mi … está fuera de servicio. **… ist außer Betrieb.**
[… ɪst ˈaʊsə bəˈtʀiːp]

televisión **Mein Fernseher**
[maɪn ˈfɛʀnˌzeːe]

aire acondicionado **Meine Klimaanlage**
[maɪnə ˈkliːmaˌʔanlaːgə]

grifo **Mein Wasserhahn**
[maɪn ˈvasəˌhaːn]

ducha **Meine Dusche**
[maɪnə ˈduːʃə]

lavabo **Mein Waschbecken**
[maɪn ˈvaʃˌbɛkən]

caja fuerte **Mein Tresor**
[maɪn tʀeˈzoːe]

cerradura	**Mein Türschloss** [maɪn 'tyːʃlɔs]
enchufe	**Meine Steckdose** [maɪnə 'ʃtɛkˌdoːzə]
secador de pelo	**Mein Föhn** [maɪn føːn]

No tengo …	**Ich habe kein …** [ɪç 'haːbə kaɪn …]
agua	**Wasser** ['vasɐ]
luz	**Licht** [lɪçt]
electricidad	**Strom** [ʃtroːm]

¿Me puede dar …?	**Können Sie mir … geben?** ['kœnən ziː miːɐ … 'geːbən?]
una toalla	**ein Handtuch** [aɪn 'hantˌtuːx]
una sábana	**eine Decke** ['aɪnə 'dɛkə]
unas chanclas	**Hausschuhe** ['haʊsˌʃuːə]
un albornoz	**einen Bademantel** ['aɪnən 'baːdəˌmantəl]
un champú	**etwas Shampoo** ['ɛtvas 'ʃampu]
jabón	**etwas Seife** ['ɛtvas 'zaɪfə]

Quisiera cambiar de habitación.	**Ich möchte ein anderes Zimmer haben.** [ɪç 'mœçtə aɪn 'andərəs 'tsɪmɐ 'haːbən]
No puedo encontrar mi llave.	**Ich kann meinen Schlüssel nicht finden.** [ɪç kan 'maɪnən 'ʃlʏsəl nɪçt 'fɪndən]
Por favor abra mi habitación.	**Machen Sie bitte meine Tür auf.** ['maxən ziː 'bɪtə 'maɪnə tyːɐ 'aʊf]

¿Quién es?	**Wer ist da?** [veːɐ ist daː?]
¡Entre!	**Kommen Sie rein!** ['kɔmən ziː ʀaɪn!]
¡Un momento!	**Einen Moment bitte!** ['aɪnən mo'mɛnt 'bɪtə!]
Ahora no, por favor.	**Nicht jetzt bitte.** [nɪçt jɛtst 'bɪtə]
Venga a mi habitación, por favor.	**Kommen Sie bitte in mein Zimmer.** ['kɔmən ziː 'bɪtə ɪn maɪn 'tsɪmɐ]

Quisiera hacer un pedido.	**Ich würde gerne Essen bestellen.** [ɪç 'vʏʁdə 'gɛʁnə 'ɛsən bə'ʃtɛlən]
Mi número de habitación es ...	**Meine Zimmernummer ist ...** ['maɪnə 'tsɪmɐˌnʊmɐ ist ...]

Me voy ...	**Ich reise ... ab.** [ɪç 'ʁaɪzə ... ap]
Nos vamos ...	**Wir reisen ... ab.** [viːɐ 'ʁaɪzən ... ap]
Ahora mismo	**jetzt** [jɛtst]
esta tarde	**diesen Nachmittag** ['diːzən 'naːχmɪˌtaːk]
esta noche	**heute Abend** ['hɔɪtə 'aːbənt]
mañana	**morgen** ['mɔʁgən]
mañana por la mañana	**morgen früh** ['mɔʁgən fʁyː]
mañana por la noche	**morgen Abend** ['mɔʁgən 'aːbənt]
pasado mañana	**übermorgen** ['yːbɐˌmɔʁgən]

Quisiera pagar la cuenta.	**Ich möchte die Zimmerrechnung begleichen.** [ɪç 'mœçtə di 'tsɪmɐˌʁɛçnʊŋ bə'glaɪçən]
Todo ha estado estupendo.	**Alles war wunderbar.** ['aləs vaːɐ 'vʊndɐbaːɐ]
¿Dónde puedo coger un taxi?	**Wo kann ich ein Taxi bekommen?** [voː kan ɪç aɪn 'taksi bə'kɔmən?]
¿Puede llamarme un taxi, por favor?	**Würden Sie bitte ein Taxi für mich holen?** ['vʏʁdən ziː 'bɪtə aɪn 'taksi fyːɐ mɪç 'hoːlən?]

Restaurante

¿Puedo ver el menú, por favor?	**Könnte ich die Speisekarte sehen bitte?** ['kœntə ıç di 'ʃpaɪzəˌkaʁtə 'zeːən 'bɪtə?]
Mesa para uno.	**Tisch für einen.** [tɪʃ fyːɐ 'aɪnən]
Somos dos (tres, cuatro).	**Wir sind zu zweit (dritt, viert).** [viːɐ zɪnt tsu tsvaɪt (dʁɪt, fiːɐt)]

Para fumadores	**Raucher** ['ʁaʊχɐ]
Para no fumadores	**Nichtraucher** ['nɪçtˌʁaʊχɐ]
¡Por favor! (llamar al camarero)	**Entschuldigen Sie mich!** [ɛnt'ʃʊldɪɡən ziː mɪç!]
la carta	**Speisekarte** ['ʃpaɪzəˌkaʁtə]
la carta de vinos	**Weinkarte** ['vaɪnˌkaʁtə]
La carta, por favor.	**Die Speisekarte bitte.** [di 'ʃpaɪzəˌkaʁtə 'bɪtə]

¿Está listo para pedir?	**Sind Sie bereit zum bestellen?** [zɪnt ziː bə'ʁaɪt tsʊm bə'ʃtɛlən?]
¿Qué quieren pedir?	**Was würden Sie gerne haben?** [vas 'vyʁdən ziː 'ɡɛʁnə 'haːbən?]
Yo quiero …	**Ich möchte …** [ıç 'mœçtə …]

Soy vegetariano.	**Ich bin Vegetarier /Vegetarierin/.** [ıç bɪn veɡe'taːʁɪɐ /veɡe'taːʁɪəʁɪn/]
carne	**Fleisch** [flaɪʃ]
pescado	**Fisch** [fɪʃ]
verduras	**Gemüse** [ɡə'myːzə]
¿Tiene platos para vegetarianos?	**Haben Sie vegetarisches Essen?** ['haːbən ziː veɡe'taːʁɪʃəs 'ɛsən?]

No como cerdo.	**Ich esse kein Schweinefleisch.** [ıç 'ɛsə kaɪn 'ʃvaɪnəˌflaɪʃ]
Él /Ella/ no come carne.	**Er /Sie/ isst kein Fleisch.** [eːɐ /ziː/ ist kaɪn flaɪʃ]

Soy alérgico a ...

Ich bin allergisch auf ...
[ɪç bɪn aˈlɛʁɡɪʃ aʊf ...]

¿Me puede traer ..., por favor?

Könnten Sie mir bitte ... bringen.
[ˈkœntən ziː miːɐ ˈbɪtə ... ˈbʁɪŋən]

sal | pimienta | azúcar

Salz | Pfeffer | Zucker
[zalts | ˈpfɛfɐ | ˈtsʊkɐ]

café | té | postre

Kaffee | Tee | Nachtisch
[ˈkafe | teː | ˈnaːχˌtɪʃ]

agua | con gas | sin gas

Wasser | Sprudel | stilles
[ˈvasɐ | ˈʃpʁuːdəl | ˈʃtɪləs]

una cuchara | un tenedor | un cuchillo

einen Löffel | eine Gabel | ein Messer
[ˈaɪnən ˈlœfəl | ˈaɪnə ˈgabəl | aɪn ˈmɛsɐ]

un plato | una servilleta

einen Teller | eine Serviette
[ˈaɪnən ˈtɛlɐ | ˈaɪnə zɛʁˈvɪɛtə]

¡Buen provecho!

Guten Appetit!
[ˌgutən ˌʔapəˈtit!]

Uno más, por favor.

Noch einen bitte.
[nɔχ ˈaɪnən ˈbɪtə]

Estaba delicioso.

Es war sehr lecker.
[ɛs vaːɐ zeːɐ ˈlɛkɐ]

---

la cuenta | el cambio | la propina

Scheck | Wechselgeld | Trinkgeld
[ʃɛk | ˈvɛksəlˌgɛlt | ˈtʁɪŋkˌgɛlt]

La cuenta, por favor.

Zahlen bitte.
[ˈtsaːlən ˈbɪtə]

¿Puedo pagar con tarjeta?

Kann ich mit Karte zahlen?
[kan ɪç mɪt ˈkaʁtə ˈtsaːlən?]

Perdone, aquí hay un error.

Entschuldigen Sie, hier ist ein Fehler.
[ɛntˈʃʊldɪgən ziː, hiːɐ ist aɪn ˈfeːlɐ]

De Compras

¿Puedo ayudarle?	**Kann ich Ihnen behilflich sein?** [kan ɪç 'iːnən bə'hɪlflɪç zaɪn?]
¿Tiene ...?	**Haben Sie ...?** ['haːbən ziː ...?]
Busco ...	**Ich suche ...** [ɪç 'zuːχə ...]
Necesito ...	**Ich brauche ...** [ɪç 'bʀaʊχə ...]

Sólo estoy mirando.	**Ich möchte nur schauen.** [ɪç 'mœçtə nuːɐ 'ʃaʊən]
Sólo estamos mirando.	**Wir möchten nur schauen.** [viːɐ 'mœçtən nuːɐ 'ʃaʊən]
Volveré más tarde.	**Ich komme später noch einmal zurück.** [ɪç 'kɔmə 'ʃpɛːtə nɔχ 'aɪnmaːl tsu'ʀyk]
Volveremos más tarde.	**Wir kommen später vorbei.** [viːɐ 'kɔmən 'ʃpɛːtə foːɐ'baɪ]
descuentos | oferta	**Rabatt | Ausverkauf** [ʀa'bat | 'aʊsfɛɐˌkaʊf]

Por favor, enséñeme ...	**Zeigen Sie mir bitte ...** ['tsaɪɡən ziː miːɐ 'bɪtə ...]
¿Me puede dar ..., por favor?	**Geben Sie mir bitte ...** ['ɡeːbən ziː miːɐ 'bɪtə ...]
¿Puedo probarmelo?	**Kann ich es anprobieren?** [kan ɪç ɛs 'anpʀoˌbiːʀən?]
Perdone, ¿dónde están los probadores?	**Entschuldigen Sie bitte, wo ist die Anprobe?** [ɛnt'ʃʊldɪɡən ziː 'bɪtə, voː ɪst di 'anpʀoːbə?]
¿Qué color le gustaría?	**Welche Farbe mögen Sie?** ['vɛlçə 'faʁbə 'møːɡən ziː?]
la talla | el largo	**Größe | Länge** ['ɡʀøːsə | 'lɛŋə]
¿Cómo le queda? (¿Está bien?)	**Wie sitzt es?** [viː zɪtst ɛs?]
¿Cuánto cuesta esto?	**Was kostet das?** [vas 'koːstət das?]
Es muy caro.	**Das ist zu teuer.** [das ɪs tsu 'tɔɪɐ]
Me lo llevo.	**Ich nehme es.** [ɪç 'neːmə ɛs]

Perdone, ¿dónde está la caja?

**Entschuldigen Sie bitte,
wo ist die Kasse?**
[ɛntˈʃʊldɪgən zi: ˈbɪtə,
vo: ist di ˈkasə?]

¿Pagará en efectivo o con tarjeta?

Zahlen Sie Bar oder mit Karte?
[ˈtsaːlən zi: baːɐ ˈoːdɐ mɪt ˈkaʁtə?]

en efectivo | con tarjeta

in Bar | mit Karte
[ɪn baːɐ | mɪt ˈkaʁtə]

¿Quiere el recibo?

Brauchen Sie die Quittung?
[ˈbʁaʊχən zi: di ˈkvɪtʊŋ?]

Sí, por favor.

Ja, bitte.
[jaː, ˈbɪtə]

No, gracias.

Nein, es ist ok.
[naɪn, ɛs ist oˈkeː]

Gracias. ¡Que tenga un buen día!

Danke. Einen schönen Tag noch!
[ˈdaŋkə. ˈaɪnən ˈʃøːnən ˈtak nɔχ!]

En la ciudad

Perdone, por favor.	**Entschuldigen Sie bitte, ...** [ɛnt'ʃʊldɪgən zi: 'bɪtə, ...]
Busco ...	**Ich suche ...** [ɪç 'zu:χə ...]
el metro	**die U-Bahn** [di 'u:ba:n]
mi hotel	**mein Hotel** [maɪn ho'tɛl]

el cine	**das Kino** [das 'ki:no]
una parada de taxis	**den Taxistand** [den 'taksi‚ʃtant]
un cajero automático	**einen Geldautomat** ['aɪnən 'gɛlt?aʊto‚ma:t]
una oficina de cambio	**eine Wechselstube** ['aɪnə 'vɛksəl‚ʃtu:bə]

un cibercafé	**ein Internetcafé** [aɪn 'ɪntənɛt·ka‚fe:]
la calle ...	**die ... -Straße** [di ... 'ʃtʀa:sə]
este lugar	**diesen Ort** ['di:zən ɔʁt]

¿Sabe usted dónde está ...?	**Wissen Sie, wo ... ist?** ['vɪsən zi:, vo: ... 'ist?]
¿Cómo se llama esta calle?	**Wie heißt diese Straße?** [vi: haɪst 'di:zə 'ʃtʀa:sə?]
Muestreme dónde estamos ahora.	**Zeigen Sie mir wo wir gerade sind.** ['tsaɪgən zi: mi:ɐ vo: vi:ɐ gə'ʀa:də zɪnt]
¿Puedo llegar a pie?	**Kann ich dort zu Fuß hingehen?** [kan ɪç dɔʁt tsu fu:s 'hɪn‚ge:ən?]
¿Tiene un mapa de la ciudad?	**Haben Sie einen Stadtplan?** ['ha:bən zi: 'aɪnən 'ʃtat‚pla:n?]

¿Cuánto cuesta la entrada?	**Was kostet eine Eintrittskarte?** [vas 'ko:stət 'aɪnə 'aɪntʀɪts‚kaʁtə?]
¿Se pueden hacer fotos aquí?	**Darf man hier fotografieren?** [daʁf man hi:ɐ fotogʀa'fi:ʀən?]
¿Está abierto?	**Haben Sie offen?** ['ha:bən zi: 'ɔfən?]

¿A qué hora abren?

¿A qué hora cierran?

Wann öffnen Sie?
[van 'œfnən zi:?]

Wann schließen Sie?
[van 'ʃli:sən zi:?]

Dinero

dinero	**Geld** [gɛlt]
efectivo	**Bargeld** ['baːɐˌgɛlt]
billetes	**Papiergeld** [paˈpiːɐˌgɛlt]
monedas	**Kleingeld** ['klaɪnˌgɛlt]
la cuenta | el cambio | la propina	**Scheck | Wechselgeld | Trinkgeld** [ʃɛk | 'vɛksəlˌgɛlt | 'tRɪŋkˌgɛlt]

la tarjeta de crédito	**Kreditkarte** [kRеˈdiːtˌkaʁtə]
la cartera	**Geldbeutel** ['gɛltˌbɔɪtəl]
comprar	**kaufen** ['kaʊfən]
pagar	**zahlen** ['tsaːlən]
la multa	**Strafe** ['ʃtRaːfə]
gratis	**kostenlos** ['kɔstənloːs]

¿Dónde puedo comprar …?	**Wo kann ich … kaufen?** [voː kan ɪç … 'kaʊfən?]
¿Está el banco abierto ahora?	**Ist die Bank jetzt offen?** [ist di baŋk jɛtst 'ɔfən?]
¿A qué hora abre?	**Wann öffnet sie?** [van 'œfnət ziː?]
¿A qué hora cierra?	**Wann schließt sie?** [van ʃliːst ziː?]

¿Cuánto cuesta?	**Wie viel?** [vi: fiːl?]
¿Cuánto cuesta esto?	**Was kostet das?** [vas 'koːstət das?]
Es muy caro.	**Das ist zu teuer.** [das is tsu 'tɔɪɐ]
Perdone, ¿dónde está la caja?	**Entschuldigen Sie bitte,** **wo ist die Kasse?** [ɛntˈʃʊldɪgən ziː 'bɪtə, voː ist di 'kasə?]

La cuenta, por favor.	**Ich möchte zahlen.** [ɪç 'mœçtə 'tsaːlən]
¿Puedo pagar con tarjeta?	**Kann ich mit Karte zahlen?** [kan ɪç mɪt 'kaʁtə 'tsaːlən?]
¿Hay un cajero por aquí?	**Gibt es hier einen Geldautomat?** [giːpt ɛs hiːɐ 'aɪnən 'gɛlt?aʊtoˌmaːt?]
Busco un cajero automático.	**Ich brauche einen Geldautomat.** [ɪç 'bʁaʊxə 'aɪnən 'gɛlt?aʊtoˌmaːt]

Busco una oficina de cambio.	**Ich suche eine Wechselstube.** [ɪç 'zuːxə 'aɪnə 'vɛksəlʃtuːbə]
Quisiera cambiar …	**Ich möchte … wechseln.** [ɪç 'mœçtə … 'vɛksəln]
¿Cuál es el tipo de cambio?	**Was ist der Wechselkurs?** [vas ɪst deːɐ 'vɛksəlˌkuʁs]
¿Necesita mi pasaporte?	**Brauchen Sie meinen Reisepass?** ['bʁaʊxən ziː 'maɪnən 'ʁaɪzəˌpas?]

Tiempo

¿Qué hora es?	**Wie spät ist es?** [vi: ʃpɛːt ist ɛs?]
¿Cuándo?	**Wann?** [van?]
¿A qué hora?	**Um wie viel Uhr?** [ʊm vifiːl uːɐ?]
ahora | luego | después de …	**jetzt | später | nach …** [jɛtst | 'ʃpɛːtɐ | naːχ …]

la una	**ein Uhr** [aɪn uːɐ]
la una y cuarto	**Viertel zwei** ['fɪʁtəl tsvaɪ]
la una y medio	**ein Uhr dreißig** [aɪn uːɐ 'dʀaɪsɪç]
las dos menos cuarto	**Viertel vor zwei** ['fɪʁtəl foːɐ tsvaɪ]

una | dos | tres	**eins | zwei | drei** [aɪns | tsvaɪ | dʀaɪ]
cuatro | cinco | seis	**vier | fünf | sechs** [fiːɐ | fʏnf | zɛks]
siete | ocho | nueve	**sieben | acht | neun** ['ziːbən | aχt | nɔɪn]
diez | once | doce	**zehn | elf | zwölf** [tseːn | ɛlf | tsvœlf]

en …	**in …** [ɪn …]
cinco minutos	**fünf Minuten** [fʏnf mi'nuːtən]
diez minutos	**zehn Minuten** [tseːn mi'nuːtən]
quince minutos	**fünfzehn Minuten** ['fʏnftseːn mi'nuːtən]
veinte minutos	**zwanzig Minuten** ['tsvantsɪç mi'nuːtən]

media hora	**einer halben Stunde** ['aɪnɐ 'halbən 'ʃtʊndə]
una hora	**einer Stunde** ['aɪnɐ 'ʃtʊndə]
por la mañana	**am Vormittag** [am 'foːɐmɪtaːk]

por la mañana temprano	**früh am Morgen** [fʀy: am 'mɔʀɡən]
esta mañana	**diesen Morgen** ['di:zən 'mɔʀɡən]
mañana por la mañana	**morgen früh** ['mɔʀɡən fʀy:]
al mediodía	**am Mittag** [am 'mɪta:k]
por la tarde	**am Nachmittag** [am 'na:χmɪta:k]
por la noche	**am Abend** [am 'a:bənt]
esta noche	**heute Abend** ['hɔɪtə 'a:bənt]
por la noche	**in der Nacht** [ɪn de:ɐ naχt]
ayer	**gestern** ['ɡɛstən]
hoy	**heute** ['hɔɪtə]
mañana	**morgen** ['mɔʀɡən]
pasado mañana	**übermorgen** ['y:bɐˌmɔʀɡən]
¿Qué día es hoy?	**Welcher Tag ist heute?** ['vɛlçə ta:k ist 'hɔɪtə?]
Es ...	**Es ist ...** [ɛs ist ...]
lunes	**Montag** ['mo:nta:k]
martes	**Dienstag** ['di:nsta:k]
miércoles	**Mittwoch** ['mɪtvɔχ]
jueves	**Donnerstag** ['dɔnɐsta:k]
viernes	**Freitag** ['fʀaɪta:k]
sábado	**Samstag** ['zamsta:k]
domingo	**Sonntag** ['zɔnta:k]

Saludos. Presentaciones.

Hola.

Hallo.
[ha'lo:]

Encantado /Encantada/ de conocerle.

Freut mich, Sie kennen zu lernen.
[fʀɔɪt mɪç, zi: 'kɛnən tsu 'lɛʀnən]

Yo también.

Ganz meinerseits.
[gants 'maɪnɐˌzaɪts]

Le presento a …

Darf ich vorstellen? Das ist …
[daʀf ɪç 'fo:ɐˌʃtɛlən? das ɪs …]

Encantado.

Sehr angenehm.
[ze:ɐ 'angəˌne:m]

¿Cómo está?

Wie geht es Ihnen?
[vi: ge:t ɛs 'i:nən?]

Me llamo …

Ich heiße …
[ɪç 'haɪsə …]

Se llama …

Er heißt …
[e:ɐ haɪst …]

Se llama …

Sie heißt …
[zi: haɪst …]

¿Cómo se llama (usted)?

Wie heißen Sie?
[vi: 'haɪsən zi:?]

¿Cómo se llama (él)?

Wie heißt er?
[vi: haɪst e:ɐ?]

¿Cómo se llama (ella)?

Wie heißt sie?
[vi: haɪst zi:?]

¿Cuál es su apellido?

Wie ist Ihr Nachname?
[vi: ist i:ɐ 'na:χˌna:mə?]

Puede llamarme …

Sie können mich … nennen.
[zi: 'kœnən mɪç … 'nɛnən]

¿De dónde es usted?

Woher kommen Sie?
[vo'he:ɐ 'kɔmən zi:?]

Yo soy de ….

Ich komme aus …
[ɪç 'kɔmə 'aʊs …]

¿A qué se dedica?

Was machen Sie beruflich?
[vas 'maχən zi: bə'ʀu:flɪç?]

¿Quién es?

Wer ist das?
[ve:ɐ ist das?]

¿Quién es él?

Wer ist er?
[ve:ɐ ist e:ɐ?]

¿Quién es ella?

Wer ist sie?
[ve:ɐ ist zi:?]

¿Quiénes son?

Wer sind sie?
[ve:ɐ zɪnt zi:?]

Este es ...

Das ist ...
[das is ...]

mi amigo

mein Freund
[maɪn frɔɪnt]

mi amiga

meine Freundin
['maɪnə 'frɔɪndin]

mi marido

mein Mann
[maɪn man]

mi mujer

meine Frau
['maɪnə 'frau]

mi padre

mein Vater
[maɪn 'faːtɐ]

mi madre

meine Mutter
['maɪnə 'mutɐ]

mi hermano

mein Bruder
[maɪn 'bruːdɐ]

mi hermana

meine Schwester
['maɪnə 'ʃvɛstɐ]

mi hijo

mein Sohn
[maɪn zoːn]

mi hija

meine Tochter
['maɪnə 'tɔxtɐ]

Este es nuestro hijo.

Das ist unser Sohn.
[das is 'unzɐ zoːn]

Esta es nuestra hija.

Das ist unsere Tochter.
[das is 'unzərə 'tɔxtɐ]

Estos son mis hijos.

Das sind meine Kinder.
[das zɪnt 'maɪnə 'kɪndɐ]

Estos son nuestros hijos.

Das sind unsere Kinder.
[das zɪnt 'unzərə 'kɪndɐ]

Despedidas

¡Adiós!	**Auf Wiedersehen!** [aʊf 'viːdeˌzeːən!]
¡Chau!	**Tschüs!** [ʧyːs!]
Hasta mañana.	**Bis morgen.** [bɪs 'mɔʁɡən]
Hasta pronto.	**Bis bald.** [bɪs balt]
Te veo a las siete.	**Bis um sieben.** [bɪs ʊm ziːbən]

¡Que se diviertan!	**Viel Spaß!** [fiːl ʃpaːs!]
Hablamos más tarde.	**Wir sprechen später.** [viːɐ 'ʃpʁɛçən 'ʃpɛːtə]
Que tengas un buen fin de semana.	**Ich wünsche Ihnen ein schönes Wochenende.** [ɪç 'vʏnʃə 'iːnən aɪn 'ʃøːnəs 'vɔχənˌʔɛndə]
Buenas noches.	**Gute Nacht.** ['guːtə naχt]

Es hora de irme.	**Es ist Zeit, dass ich gehe.** [ɛs ist tsaɪt, das ɪç 'geːə]
Tengo que irme.	**Ich muss gehen.** [ɪç mʊs 'geːən]
Ahora vuelvo.	**Ich bin gleich wieder da.** [ɪç bɪn glaɪç 'viːdə da]

Es tarde.	**Es ist schon spät.** [ɛs ist ʃoːn ʃpɛːt]
Tengo que levantarme temprano.	**Ich muss früh aufstehen.** [ɪç mʊs fʁyː 'aʊfˌʃteːən]
Me voy mañana.	**Ich reise morgen ab.** [ɪç 'ʁaɪzə 'mɔʁɡən ap]
Nos vamos mañana.	**Wir reisen morgen ab.** [viːɐ 'ʁaɪzən 'mɔʁɡən ap]

¡Que tenga un buen viaje!	**Ich wünsche Ihnen eine gute Reise!** [ɪç 'vʏnʃə 'iːnən 'aɪnə 'guːtə 'ʁaɪzə!]
Ha sido un placer.	**Hat mich gefreut, Sie kennen zu lernen.** [hat mɪç gə'fʁɔɪt, ziː 'kɛnən tsu 'lɛʁnən]

Fue un placer hablar con usted.	**Hat mich gefreut mit Ihnen zu sprechen.** [hat mɪç gə'fʀɔɪt mɪt 'iːnən tsu 'ʃpʀɛçən]
Gracias por todo.	**Danke für alles.** ['daŋkə fyːɐ 'aləs]

Lo he pasado muy bien.	**Ich hatte eine sehr gute Zeit.** [ɪç hatə 'aɪnə zeːɐ 'guːtə tsaɪt]
Lo pasamos muy bien.	**Wir hatten eine sehr gute Zeit.** [viːɐ 'hatən 'aɪnə zeːɐ 'guːtə tsaɪt]
Fue genial.	**Es war wirklich toll.** [ɛs vaːɐ 'vɪʁklɪç tɔl]
Le voy a echar de menos.	**Ich werde Sie vermissen.** [ɪç 'veːɐdə ziː fɛɐ'mɪsən]
Le vamos a echar de menos.	**Wir werden Sie vermissen.** [viːɐ 'veːɐdən ziː fɛɐ'mɪsən]

¡Suerte!	**Viel Glück!** [fiːl glʏk!]
Saludos a …	**Grüßen Sie …** ['gʀyːsən ziː …]

Idioma extranjero

No entiendo.	**Ich verstehe nicht.** [ɪç fɛɐ̯'ʃteːə nɪçt]
Escríbalo, por favor.	**Schreiben Sie es bitte auf.** ['ʃʀaɪbən ziː ɛs 'bɪtə aʊf]
¿Habla usted ...?	**Sprechen Sie ...?** ['ʃpʀɛçən ziː ...?]

Hablo un poco de ...	**Ich spreche ein bisschen ...** [ɪç 'ʃpʀɛçə aɪn 'bɪsçən ...]
inglés	**Englisch** ['ɛŋlɪʃ]
turco	**Türkisch** ['tʏʁkɪʃ]
árabe	**Arabisch** [a'ʀaːbɪʃ]
francés	**Französisch** [fʀan'tsøːzɪʃ]

alemán	**Deutsch** [dɔɪʧ]
italiano	**Italienisch** [ˌita'liːe:nɪʃ]
español	**Spanisch** ['ʃpaːnɪʃ]
portugués	**Portugiesisch** [pɔʁtu'giːzɪʃ]
chino	**Chinesisch** [çi'neːzɪʃ]
japonés	**Japanisch** [ja'paːnɪʃ]

¿Puede repetirlo, por favor?	**Können Sie das bitte wiederholen.** ['kœnən ziː das 'bɪtə viːdɐ'hoːlən]
Lo entiendo.	**Ich verstehe.** [ɪç fɛɐ̯'ʃteːə]
No entiendo.	**Ich verstehe nicht.** [ɪç fɛɐ̯'ʃteːə nɪçt]
Hable más despacio, por favor.	**Sprechen Sie etwas langsamer.** ['ʃpʀɛçən ziː 'ɛtvas 'laŋˌzaːmɐ]

¿Está bien?	**Ist das richtig?** [ist das 'ʀɪçtɪç?]
¿Qué es esto? (¿Que significa esto?)	**Was ist das?** [vas ist das?]

Disculpas

Perdone, por favor.	**Entschuldigen Sie bitte.** [ɛntˈʃʊldɪgən zi: ˈbɪtə]
Lo siento.	**Es tut mir leid.** [ɛs tu:t mi:ɐ laɪt]
Lo siento mucho.	**Es tut mir sehr leid.** [ɛs tu:t mi:ɐ ze:ɐ laɪt]
Perdón, fue culpa mía.	**Es tut mir leid, das ist meine Schuld.** [ɛs tu:t mi:ɐ laɪt, das ist ˈmaɪnə ʃʊlt]
Culpa mía.	**Das ist mein Fehler.** [das is maɪn ˈfe:lɐ]

¿Puedo ...?	**Darf ich ...?** [daʁf ɪç ...?]
¿Le molesta si ...?	**Haben Sie etwas dagegen, wenn ich ...?** [haːbən zi: ˈɛtvas daˈge:gən, vɛn ɪç ...?]
¡No hay problema! (No pasa nada.)	**Es ist okay.** [ɛs ist oˈke:]
Todo está bien.	**Alles in Ordnung.** [ˈaləs ɪn ˈɔʁdnʊŋ]
No se preocupe.	**Machen Sie sich keine Sorgen.** [ˈmaxən zi: zɪç ˈkaɪnə ˈzɔʁgən]

Acuerdos

Sí.	**Ja.** [ja:]
Sí, claro.	**Ja, natürlich.** [ja:, na'ty:ǝlɪç]
Bien.	**Ok! Gut!** [o'ke:! gu:t!]
Muy bien.	**Sehr gut.** [ze:ɐ gu:t]
¡Claro que sí!	**Natürlich!** [na'ty:ǝlɪç!]
Estoy de acuerdo.	**Genau.** [ge'naʊ]

Es verdad.	**Das stimmt.** [das ʃtɪmt]
Es correcto.	**Das ist richtig.** [das is 'rɪçtɪç]
Tiene razón.	**Sie haben Recht.** [zi: 'ha:bǝn rɛçt]
No me molesta.	**Ich habe nichts dagegen.** [ɪç 'ha:bǝ nɪçts da'ge:gǝn]
Es completamente cierto.	**Völlig richtig.** ['fœlɪç 'rɪçtɪç]

Es posible.	**Das kann sein.** [das kan zaɪn]
Es una buena idea.	**Das ist eine gute Idee.** [das is 'aɪnǝ 'gu:tǝ i'de:]
No puedo decir que no.	**Ich kann es nicht ablehnen.** [ɪç kan ɛs nɪçt 'ap‚le:nǝn]
Estaré encantado /encantada/.	**Ich würde mich freuen.** [ɪç 'vʁdǝ mɪç 'fʁɔɪǝn]
Será un placer.	**Gerne.** ['gɛʁnǝ]

Rechazo. Expresar duda

No.

Nein.
[naɪn]

Claro que no.

Natürlich nicht.
[na'ty:elɪç nɪçt]

No estoy de acuerdo.

Ich stimme nicht zu.
[ɪç 'ʃtɪmə nɪçt tsu]

No lo creo.

Das glaube ich nicht.
[das 'glaʊbə ɪç nɪçt]

No es verdad.

Das ist falsch.
[das is falʃ]

No tiene razón.

Sie liegen falsch.
[zi: 'li:gən falʃ]

Creo que no tiene razón.

Ich glaube, Sie haben Unrecht.
[ɪç 'glaʊbə, zi: 'ha:bən 'ʊnˌʁɛçt]

No estoy seguro /segura/.

Ich bin nicht sicher.
[ɪç bɪn nɪçt 'zɪçɐ]

No es posible.

Das ist unmöglich.
[das is 'ʊnmø:klɪç]

¡Nada de eso!

Nichts dergleichen!
[nɪçts deːɐˈglaɪçən!]

Justo lo contrario.

Im Gegenteil!
[ɪm 'ge:gəntaɪl!]

Estoy en contra de ello.

Ich bin dagegen.
[ɪç bɪn da'ge:gən]

No me importa. (Me da igual.)

Es ist mir egal.
[ɛs ist mi:ɐ e'ga:l]

No tengo ni idea.

Keine Ahnung.
['kaɪnə 'a:nʊŋ]

Dudo que sea así.

Ich bezweifle, dass es so ist.
[ɪç bə'tsvaɪflə, das ɛs zo: ist]

Lo siento, no puedo.

Es tut mir leid, ich kann nicht.
[ɛs tu:t mi:ɐ laɪt, ɪç kan nɪçt]

Lo siento, no quiero.

Es tut mir leid, ich möchte nicht.
[ɛs tu:t mi:ɐ laɪt, ɪç 'mœçtə nɪçt]

Gracias, pero no lo necesito.

Danke, das brauche ich nicht.
['daŋkə, das 'bʁaʊxə ɪç nɪçt]

Ya es tarde.

Es ist schon spät.
[ɛs ist ʃo:n ʃpɛ:t]

Tengo que levantarme temprano.

Ich muss früh aufstehen.
[ɪç mʊs fʀyː ˈaʊfʃteːən]

Me encuentro mal.

Mir geht es schlecht.
[miːɐ geːt ɛs ʃlɛçt]

Expresar gratitud

Gracias.	**Danke.** ['daŋkə]
Muchas gracias.	**Dankeschön.** ['daŋkəʃøːn]
De verdad lo aprecio.	**Ich bin Ihnen sehr verbunden.** [ɪç bɪn 'iːnən zeːɐ ˌfɛɐ'bʊndən]
Se lo agradezco.	**Ich bin Ihnen sehr dankbar.** [ɪç bɪn 'iːnən zeːɐ 'daŋkbaːɐ]
Se lo agradecemos.	**Wir sind Ihnen sehr dankbar.** [viːɐ zɪnt 'iːnən zeːɐ 'daŋkbaːɐ]

Gracias por su tiempo.	**Danke, dass Sie Ihre Zeit geopfert haben.** ['daŋkə, das ziː 'iːʀə tsaɪt gə'ʔɔpfet 'haːbən]
Gracias por todo.	**Danke für alles.** ['daŋkə fyːɐ 'aləs]
Gracias por ...	**Danke für ...** ['daŋkə fyːɐ ...]
su ayuda	**Ihre Hilfe** ['iːʀə 'hɪlfə]
tan agradable momento	**die schöne Zeit** [di 'ʃøːnə tsaɪt]

una comida estupenda	**das wunderbare Essen** [das 'vʊndɐbaːʀə 'ɛsən]
una velada tan agradable	**den angenehmen Abend** [den 'angəˌneːmən 'aːbənt]
un día maravilloso	**den wunderschönen Tag** [dɛn ˌvʊndɐ'ʃøːnən taːk]
un viaje increíble	**die interessante Führung** [di ɪntəʀɛ'santə 'fyːʀʊŋ]

No hay de qué.	**Keine Ursache.** ['kaɪnə 'uːɐˌzaχə]
De nada.	**Nichts zu danken.** [nɪçts tsu 'daŋkən]
Siempre a su disposición.	**Immer gerne.** ['ɪmɐ 'gɛʀnə]
Encantado /Encantada/ de ayudarle.	**Es freut mich, geholfen zu haben.** [ɛs fʀɔɪt mɪç, gə'hɔlfən tsu 'haːbən]

No hay de qué.

Vergessen Sie es.
[fɛɐˈgɛsən ziː ɛs]

No tiene importancia.

Machen Sie sich keine Sorgen.
[ˈmaχən ziː zɪç ˈkaɪnə ˈzɔʁgən]

Felicitaciones , Mejores Deseos

¡Felicidades!

¡Feliz Cumpleaños!

¡Feliz Navidad!

¡Feliz Año Nuevo!

Glückwunsch!
['glʏkˌvʊnʃ!]

Alles gute zum Geburtstag!
['aləs 'guːtə tsʊm gə'bʊʁtsˌtaːk!]

Frohe Weihnachten!
[ˌfʁoːə 'vaɪnaχtən!]

Frohes neues Jahr!
[ˌfʁoːəs 'nɔɪəs jaːɐ!]

¡Felices Pascuas!

¡Feliz Hanukkah!

Frohe Ostern!
[ˌfʁoːə 'oːstɐn!]

Frohes Hanukkah!
[ˌfʁoːəs 'haːnuka:!]

Quiero brindar.

¡Salud!

¡Brindemos por ...!

¡A nuestro éxito!

¡A su éxito!

Ich möchte einen Toast ausbringen.
[ɪç 'mœçtə 'aɪnən toːst 'aʊsˌbʁɪŋən]

Auf Ihr Wohl!
[aʊf iːɐ voːl!]

Trinken wir auf ...!
['tʁɪŋkən viːɐ 'aʊf ...!]

Auf unseren Erfolg!
[aʊf 'ʊnzəʁən ɛɐ'fɔlk!]

Auf Ihren Erfolg!
[aʊf 'iːʁən ɛɐ'fɔlk!]

¡Suerte!

¡Que tenga un buen día!

¡Que tenga unas buenas vacaciones!

¡Que tenga un buen viaje!

¡Espero que se recupere pronto!

Viel Glück!
[fiːl glʏk!]

Einen schönen Tag noch!
['aɪnən 'ʃøːnən taːk nɔχ!]

Haben Sie einen guten Urlaub!
[haːbən ziː 'aɪnən 'guːtən 'uːɐˌlaʊp!]

Haben Sie eine sichere Reise!
['haːbən ziː: 'aɪnə 'zɪçəʁə 'ʁaɪzə!]

Ich hoffe es geht Ihnen bald besser!
[ɪç 'hɔfə ɛs geːt 'iːnən balt 'bɛsə!]

Socializarse

¿Por qué está triste?	**Warum sind Sie traurig?** [va'ʀʊm zɪnt zi: 'tʀaʊʀɪç?]
¡Sonría! ¡Animese!	**Lächeln Sie!** ['lɛçəln zi:!]
¿Está libre esta noche?	**Sind Sie heute Abend frei?** [zɪnt zi: 'hɔɪtə 'a:bənt fʀaɪ?]

¿Puedo ofrecerle algo de beber?	**Darf ich ihnen was zum Trinken anbieten?** [daʀf ɪç 'i:nən vas tsʊm 'tʀɪŋkən 'an,bi:tən?]
¿Querría bailar conmigo?	**Möchten Sie tanzen?** ['mœçtən zi: 'tantsən?]
Vamos a ir al cine.	**Gehen wir ins Kino.** ['ge:ən vi:ɐ ɪns 'ki:no]

¿Puedo invitarle a …?	**Darf ich Sie ins … einladen?** [daʀf ɪç zi: ɪns … 'aɪn,la:dən?]
un restaurante	**Restaurant** [ʀɛsto'ʀaŋ]
el cine	**Kino** ['ki:no]
el teatro	**Theater** [te'a:tɐ]
dar una vuelta	**auf einen Spaziergang** [aʊf 'aɪnən ʃpa'tsi:ɐ,gaŋ]

¿A qué hora?	**Um wie viel Uhr?** [ʊm vifi:l u:ɐ?]
esta noche	**heute Abend** ['hɔɪtə 'a:bənt]
a las seis	**um sechs Uhr** [ʊm zɛks u:ɐ]
a las siete	**um sieben Uhr** [ʊm 'zi:bən u:ɐ]
a las ocho	**um acht Uhr** [ʊm axt u:ɐ]
a las nueve	**um neun Uhr** [ʊm 'nɔɪn u:ɐ]

¿Le gusta este lugar?	**Gefällt es Ihnen hier?** [gə'fɛlt ɛs 'i:nən hi:ɐ?]
¿Está aquí con alguien?	**Sind Sie hier mit jemandem?** [zɪnt zi: hi:ɐ mɪt 'je:mandəm?]

Estoy con mi amigo /amiga/.

Ich bin mit meinem Freund.
[ɪç bɪn mɪt 'maɪnəm fʀɔɪnt]

Estoy con amigos.

Ich bin mit meinen Freunden.
[ɪç bɪn mɪt 'maɪnəm 'fʀɔɪndən]

No, estoy solo /sola/.

Nein, ich bin alleine.
[naɪn, ɪç bɪn a'laɪnə]

¿Tienes novio?

Hast du einen Freund?
[hast du 'aɪnən fʀɔɪnt?]

Tengo novio.

Ich habe einen Freund.
[ɪç 'ha:bə 'aɪnən fʀɔɪnt]

¿Tienes novia?

Hast du eine Freundin?
[hast du 'aɪnə 'fʀɔɪndɪn?]

Tengo novia.

Ich habe eine Freundin.
[ɪç 'ha:bə 'aɪnə 'fʀɔɪndɪn]

¿Te puedo volver a ver?

Kann ich dich nochmals sehen?
[kan ɪç dɪç 'nɔxma:ls 'ze:ən?]

¿Te puedo llamar?

Kann ich dich anrufen?
[kan ɪç dɪç 'an͜ʀu:fən?]

Llámame.

Ruf mich an.
[ʀu:f mɪç an]

¿Cuál es tu número?

Was ist deine Nummer?
[vas ɪst 'daɪnə 'nʊmɐ?]

Te echo de menos.

Ich vermisse dich.
[ɪç fɛɐ'mɪsə dɪç]

¡Qué nombre tan bonito!

Sie haben einen schönen Namen.
[zi: 'ha:bən 'aɪnən 'ʃø:nən 'na:mən]

Te quiero.

Ich liebe dich.
[ɪç 'libə dɪç]

¿Te casarías conmigo?

Willst du mich heiraten?
[vɪlst du mɪç 'haɪʀa:tən?]

¡Está de broma!

Sie machen Scherze!
[zi: 'maxən 'ʃɛʀtsə!]

Sólo estoy bromeando.

Ich habe nur gescherzt.
[ɪç 'ha:bə nu:ɐ gə'ʃɛʀtst]

¿En serio?

Ist das Ihr Ernst?
[ist das i:ɐ ɛʀnst?]

Lo digo en serio.

Das ist mein Ernst.
[das is maɪn ɛʀnst]

¿De verdad?

Echt?!
[ɛçt?!]

¡Es increíble!

Das ist unglaublich!
[das is ʊn'glaʊplɪç!]

No le creo.

Ich glaube Ihnen nicht.
[ɪç 'glaʊbə 'i:nən nɪçt]

No puedo.

Ich kann nicht.
[ɪç kan nɪçt]

No lo sé.

Ich weiß nicht.
[ɪç vaɪs nɪçt]

No le entiendo.

Ich verstehe Sie nicht.
[ɪç fɛɐ'ʃteːə ziː nɪçt]

Váyase, por favor.

Bitte gehen Sie weg.
['bɪtə 'geːən ziː vɛk]

¡Déjeme en paz!

Lassen Sie mich in Ruhe!
['lasən ziː mɪç ɪn 'ʀuːə!]

Es inaguantable.

Ich kann ihn nicht ausstehen.
[ɪç kan iːn nɪçt 'aʊsʃteːən]

¡Es un asqueroso!

Sie sind widerlich!
[ziː zɪnt 'viːdəlɪç!]

¡Llamaré a la policía!

Ich rufe die Polizei an!
[ɪç 'ʀuːfə diː ˌpoliˈtsaɪ an!]

Compartir impresiones. Emociones

Me gusta.	**Das gefällt mir.** [das gə'fɛlt miːɐ]
Muy lindo.	**Sehr nett.** [zeːɐ nɛt]
¡Es genial!	**Das ist toll!** [das is tɔl!]
No está mal.	**Das ist nicht schlecht.** [das is nɪçt ʃlɛçt]

No me gusta.	**Das gefällt mir nicht.** [das gə'fɛlt miːɐ nɪçt]
No está bien.	**Das ist nicht gut.** [das is nɪçt guːt]
Está mal.	**Das ist schlecht.** [das is ʃlɛçt]
Está muy mal.	**Das ist sehr schlecht.** [das is zeːɐ ʃlɛçt]
¡Qué asco!	**Das ist widerlich.** [das is 'viːdɐlɪç]

Estoy feliz.	**Ich bin glücklich.** [ɪç bɪn 'glʏklɪç]
Estoy contento /contenta/.	**Ich bin zufrieden.** [ɪç bɪn tsu'fʀiːdən]
Estoy enamorado /enamorada/.	**Ich bin verliebt.** [ɪç bɪn fɛɐ'liːpt]
Estoy tranquilo.	**Ich bin ruhig.** [ɪç bɪn 'ʀuːɪç]
Estoy aburrido.	**Ich bin gelangweilt.** [ɪç bɪn gə'laŋˌvaɪlt]

Estoy cansado /cansada/.	**Ich bin müde.** [ɪç bɪn 'myːdə]
Estoy triste.	**Ich bin traurig.** [ɪç bɪn 'tʀaʊʀɪç]
Estoy asustado.	**Ich habe Angst.** [ɪç 'haːbə aŋst]
Estoy enfadado /enfadada/.	**Ich bin wütend.** [ɪç bɪn 'vyːtənt]

Estoy preocupado /preocupada/.	**Ich mache mir Sorgen.** [ɪç 'maxə miːɐ 'zɔʀgən]
Estoy nervioso /nerviosa/.	**Ich bin nervös.** [ɪç bɪn nɛʀ'vøːs]

Estoy celoso /celosa/.

Ich bin eifersüchtig.
[ɪç bɪn ˈaɪfɐˌzʏçtɪç]

Estoy sorprendido /sorprendida/.

Ich bin überrascht.
[ɪç bɪn yːbɐˈʀaʃt]

Estoy perplejo /perpleja/.

Es ist mir peinlich.
[ɛs ist miːɐ ˈpaɪnˌlɪç]

Problemas, Accidentes

Tengo un problema.	**Ich habe ein Problem.** [ɪç 'ha:bə aɪn pʁo'ble:m]
Tenemos un problema.	**Wir haben Probleme.** [vi:ɐ 'ha:bən pʁo'ble:mə]
Estoy perdido /perdida/.	**Ich bin verloren.** [ɪç bɪn fɛɐ'lo:ʁən]
Perdi el último autobús (tren).	**Ich habe den letzten Bus (Zug) verpasst.** [ɪç 'ha:bə den 'lɛtstən bʊs (tsu:k) fɛɐ'past]
No me queda más dinero.	**Ich habe kein Geld mehr.** [ɪç 'ha:bə kaɪn gɛlt me:ɐ]
He perdido …	**Ich habe mein … verloren.** [ɪç 'ha:bə maɪn … fɛɐ'lo:ʁən]
Me han robado …	**Jemand hat mein … gestohlen.** ['je:mant hat maɪn … gə'ʃto:lən]
mi pasaporte	**Reisepass** ['ʁaɪzəˌpas]
mi cartera	**Geldbeutel** ['gɛltˌbɔɪtəl]
mis papeles	**Papiere** [pa'pi:ʁə]
mi billete	**Fahrkarte** ['fa:ɐˌkaʁtə]
mi dinero	**Geld** [gɛlt]
mi bolso	**Tasche** ['taʃə]
mi cámara	**Kamera** ['kaməʁa]
mi portátil	**Laptop** ['lɛptɔp]
mi tableta	**Tabletcomputer** ['tɛblət·kɔmˌpjuːtɐ]
mi teléfono	**Handy** ['hɛndi]
¡Ayúdeme!	**Hilfe!** ['hɪlfə!]
¿Qué pasó?	**Was ist passiert?** [vas ɪst pa'si:ɐt?]

63

el incendio	**Feuer** ['fɔɪɐ]
un tiroteo	**Schießerei** [ʃiːsəˈʀaɪ]
el asesinato	**Mord** [mɔʁt]
una explosión	**Explosion** [ɛksploˈzjoːn]
una pelea	**Schlägerei** [ʃlɛːgəˈʀaɪ]

¡Llame a la policía!	**Rufen Sie die Polizei!** ['ʀuːfən ziː diː ˌpoliˈtsaɪ!]
¡Más rápido, por favor!	**Schneller bitte!** ['ʃnɛlɐ 'bɪtə!]
Busco la comisaría.	**Ich suche nach einer Polizeistation.** [ɪç 'zuːχə naːχ 'aɪnə poliˈtsaɪʃtaˌtsjoːn]
Tengo que hacer una llamada.	**Ich muss einen Anruf tätigen.** [ɪç mʊs 'aɪnən 'anˌʀuːf 'tɛːtɪgən]
¿Puedo usar su teléfono?	**Kann ich Ihr Telefon benutzen?** [kan ɪç iːɐ teleˈfoːn bəˈnʊtsən?]

Me han ...	**Ich wurde ...** [ɪç 'vʀʀdə ...]
asaltado /asaltada/	**ausgeraubt** ['aʊsgəˌʀaʊpt]
robado /robada/	**überfallen** [ˌyːbɐˈfalən]
violada	**vergewaltigt** [fɛɐgəˈvaltɪçt]
atacado /atacada/	**angegriffen** ['angəˌɡʀɪfən]

¿Se encuentra bien?	**Ist bei Ihnen alles in Ordnung?** [ist baɪ 'iːnən 'aləs ɪn 'ɔʁdnʊŋ?]
¿Ha visto quien a sido?	**Haben Sie gesehen wer es war?** [haːbən ziː geˈzeːən veːɐ ɛs vaːɐ?]
¿Sería capaz de reconocer a la persona?	**Sind Sie in der Lage die Person wiederzuerkennen?** [zɪnt ziː ɪn deːɐ laɡə diː pɛɐˈzoːn 'viːdɐtsuʔɛɐˌkɛnən?]
¿Está usted seguro?	**Sind sie sicher?** [zɪnt ziː 'zɪçɐ?]

Por favor, cálmese.	**Beruhigen Sie sich bitte!** [bəˈʀuːɪgən ziː zɪç 'bɪtə!]
¡Cálmese!	**Ruhig!** ['ʀuːɪç!]
¡No se preocupe!	**Machen Sie sich keine Sorgen.** ['maχən ziː zɪç 'kaɪnə 'zɔʁgən]
Todo irá bien.	**Alles wird gut.** ['aləs vɪʁt guːt]

Todo está bien.	**Alles ist in Ordnung.** ['aləs ist ɪn 'ɔʁdnʊŋ]
Venga aquí, por favor.	**Kommen Sie bitte her.** ['kɔmən zi: 'bɪtə he:ɐ]
Tengo unas preguntas para usted.	**Ich habe einige Fragen für Sie.** [ɪç 'ha:bə 'aɪnɪgə 'fʀa:gən fy:ɐ zi:]
Espere un momento, por favor.	**Warten Sie einen Moment bitte.** ['vaʁtən 'aɪnən mɔ'mɛnt 'bɪtə]

¿Tiene un documento de identidad?	**Haben Sie einen Ausweis?** ['ha:bən zi: 'aɪnən 'aʊsˌvaɪs?]
Gracias. Puede irse ahora.	**Danke. Sie können nun gehen.** ['daŋkə. zi: 'kœnən nu:n 'ge:ən]
¡Manos detrás de la cabeza!	**Hände hinter dem Kopf!** ['hɛndə 'hɪntɐ dem kɔpf!]
¡Está arrestado!	**Sie sind verhaftet!** [zi: zɪnt fɛɐ'haftət!]

Problemas de salud

Ayudeme, por favor.	**Helfen Sie mir bitte.** ['hɛlfən ziː miːɐ 'bɪtə]
No me encuentro bien.	**Mir ist schlecht.** [miːɐ ɪs ʃlɛçt]
Mi marido no se encuentra bien.	**Meinem Ehemann ist schlecht.** ['maɪnəm 'eːəman ist ʃlɛçt]
Mi hijo …	**Mein Sohn …** [maɪn zoːn …]
Mi padre …	**Mein Vater …** [maɪn 'faːtɐ …]

Mi mujer no se encuentra bien.	**Meine Frau fühlt sich nicht gut.** ['maɪnə 'fʀaʊ fyːlt zɪç nɪçt guːt]
Mi hija …	**Meine Tochter …** ['maɪnə 'tɔxtɐ …]
Mi madre …	**Meine Mutter …** ['maɪnə 'mʊtɐ …]

Me duele …	**Ich habe … schmerzen.** [ɪç 'haːbə … 'ʃmɛʁtsən]
la cabeza	**Kopf-** [kɔpf]
la garganta	**Hals-** [hals]
el estómago	**Bauch-** ['baʊx]
un diente	**Zahn-** [tsaːn]

Estoy mareado.	**Mir ist schwindelig.** [miːɐ ɪs 'ʃvɪndəlɪç]
Él tiene fiebre.	**Er hat Fieber.** [eːɐ hat 'fiːbɐ]
Ella tiene fiebre.	**Sie hat Fieber.** [ziː hat 'fiːbɐ]
No puedo respirar.	**Ich kann nicht atmen.** [ɪç kan nɪçt 'aːtmən]

Me ahogo.	**Ich kriege keine Luft.** [ɪç 'kʀiːgə 'kaɪnə lʊft]
Tengo asma.	**Ich bin Asthmatiker.** [ɪç bɪn ast'maːtikɐ]
Tengo diabetes.	**Ich bin Diabetiker /Diabetikerin/** [ɪç bɪn dia'beːtikɐ /dia'beːtikəʀɪn/]

No puedo dormir.

intoxicación alimentaria

Ich habe Schlaflosigkeit.
[ɪç 'ha:bə 'ʃla:flo:zɪçkaɪt]
Lebensmittelvergiftung
['le:bəns‚mɪtəl·fɛɐ‚gɪftʊŋ]

Me duele aquí.

¡Ayúdeme!

¡Estoy aquí!

¡Estamos aquí!

¡Saquenme de aquí!

Necesito un médico.

No me puedo mover.

No puedo mover mis piernas.

Es tut hier weh.
[ɛs tʊt hi:ɐ ve:]
Hilfe!
['hɪlfə!]
Ich bin hier!
[ɪç bɪn hi:ɐ!]
Wir sind hier!
[vi:ɐ zɪnt hi:ɐ!]
Bringen Sie mich hier raus!
['bʀɪŋən zi: mɪç hi:ɐ 'ʀaʊs!]
Ich brauche einen Arzt.
[ɪç 'bʀaʊxə 'aɪnən aʁtst]
Ich kann mich nicht bewegen.
[ɪç kan mɪç nɪçt bə've:gən]
Ich kann meine Beine nicht bewegen.
[ɪç kan 'maɪnə 'baɪnə nɪçt bə've:gən]

Tengo una herida.

¿Es grave?

Mis documentos están en mi bolsillo.

¡Cálmese!

¿Puedo usar su teléfono?

Ich habe eine Wunde.
[ɪç 'ha:bə 'aɪnə 'vʊndə]
Ist es ernst?
[ist ɛs ɛʁnst?]
Meine Dokumente sind in meiner Hosentasche.
['maɪnə doku'mɛntə zɪnt ɪn 'maɪnə 'ho:zən‚taʃə]
Beruhigen Sie sich!
[bə'ʀu:ɪgən zi: zɪç!]
Kann ich Ihr Telefon benutzen?
[kan ɪç i:ɐ tele'fo:n bə'nʊtsən?]

¡Llame a una ambulancia!

¡Es urgente!

¡Es una emergencia!

¡Más rápido, por favor!

¿Puede llamar a un médico, por favor?

¿Dónde está el hospital?

Rufen Sie einen Krankenwagen!
['ʀu:fən zi: 'aɪnən 'kʀaŋkən‚va:gən!]
Es ist dringend!
[ɛs ist 'dʀɪŋənt!]
Es ist ein Notfall!
[ɛs ist aɪn 'no:t‚fal!]
Schneller bitte!
['ʃnɛlɐ 'bɪtə!]
Können Sie bitte einen Arzt rufen?
['kœnən zi: 'bɪtə 'aɪnən aʁtst 'ʀu:fən?]
Wo ist das Krankenhaus?
[vo: ist das 'kʀaŋkən‚haʊs?]

¿Cómo se siente?

¿Se encuentra bien?

Wie fühlen Sie sich?
[vi: 'fy:lən zi: zɪç?]
Ist bei Ihnen alles in Ordnung?
[ist baɪ 'i:nən 'aləs ɪn 'ɔʁdnʊŋ?]

¿Qué pasó?

Was ist passiert?
[vas ɪst pa'siːɐt?]

Me encuentro mejor.

Mir geht es schon besser.
[miːɐ geːt ɛs ʃoːn 'bɛsɐ]

Está bien.

Es ist in Ordnung.
[ɛs ist ɪn 'ɔʁdnʊŋ]

Todo está bien.

Alles ist in Ordnung.
['aləs ist ɪn 'ɔʁdnʊŋ]

En la farmacia

la farmacia	**Apotheke** [apoˈteːkə]
la farmacia 24 horas	**24 Stunden Apotheke** [fiːɐ·ʊn·ˈtsvantsɪç ˈʃtʊndən apoˈteːkə]
¿Dónde está la farmacia más cercana?	**Wo ist die nächste Apotheke?** [voː ist di ˈnɛːçstə apoˈteːkə?]

¿Está abierta ahora?	**Ist sie jetzt offen?** [ist ziː jɛtst ˈɔfən?]
¿A qué hora abre?	**Um wie viel Uhr öffnet sie?** [ʊm vifiːl uːɐ ˈœfnət ziː?]
¿A qué hora cierra?	**Um wie viel Uhr schließt sie?** [ʊm vifiːl uːɐ ʃliːst ziː?]

¿Está lejos?	**Ist es weit?** [ist ɛs vaɪt?]
¿Puedo llegar a pie?	**Kann ich dort zu Fuß hingehen?** [kan ɪç dɔʁt tsu fuːs ˈhɪnˌgeːən?]
¿Puede mostrarme en el mapa?	**Können Sie es mir auf der Karte zeigen?** [ˈkœnən ziː ɛs miːɐ aʊf deːɐ ˈkaʁtə ˈtsaɪgən?]

Por favor, deme algo para ...	**Bitte geben sie mir etwas gegen ...** [ˈbɪtə geːbn ziː miːɐ ˈɛtvas ˈgeːgən ...]
un dolor de cabeza	**Kopfschmerzen** [ˈkɔpfʃmɛʁtsən]
la tos	**Husten** [ˈhuːstən]
el resfriado	**eine Erkältung** [ˈaɪnə ɛɐˈkɛltʊŋ]
la gripe	**die Grippe** [di ˈgʁɪpə]

la fiebre	**Fieber** [ˈfiːbɐ]
un dolor de estomago	**Magenschmerzen** [ˈmaːgənʃmɛʁtsən]
nauseas	**Übelkeit** [ˈyːbəlkaɪt]
la diarrea	**Durchfall** [ˈdʊʁçˌfal]
el estreñimiento	**Verstopfung** [fɛɐˈʃtɔpfʊŋ]

un dolor de espalda	**Rückenschmerzen** ['ʀʏkənˌʃmɛʀtsən]
un dolor de pecho	**Brustschmerzen** ['bʀʊstˌʃmɛʀtsən]
el flato	**Seitenstechen** ['zaɪtənˌʃtɛçən]
un dolor abdominal	**Bauchschmerzen** ['baʊχˌʃmɛʀtsən]

la píldora	**Pille** ['pɪlə]
la crema	**Salbe, Creme** ['zalbə, kʀɛːm]
el jarabe	**Sirup** ['ziːʀʊp]
el spray	**Spray** [ʃpʀeː]
las gotas	**Tropfen** ['tʀɔpfən]

Tiene que ir al hospital.	**Sie müssen ins Krankenhaus gehen.** [zi: 'mʏsən ɪns 'kʀaŋkənˌhaʊs 'ge:ən]
el seguro de salud	**Krankenversicherung** ['kʀaŋkən·fɛɐˌzɪçəʀʊŋ]
la receta	**Rezept** [ʀe'tsɛpt]
el repelente de insectos	**Insektenschutzmittel** [ɪn'zɛktən·ˈʃʊtsˌmɪtəl]
la curita	**Pflaster** ['pflastɐ]

Lo más imprescindible

Perdone, ...

Entschuldigen Sie bitte, ...
[ɛnt'ʃʊldɪgən zi: 'bɪtə, ...]

Hola.

Hallo.
[ha'lo:]

Gracias.

Danke.
['daŋkə]

Sí.

Ja.
[ja:]

No.

Nein.
[naɪn]

No lo sé.

Ich weiß nicht.
[ɪç vaɪs nɪçt]

¿Dónde? | ¿A dónde? | ¿Cuándo?

Wo? | Wohin? | Wann?
[vo:? | vo'hɪn? | van?]

Necesito ...

Ich brauche ...
[ɪç 'bʀaʊχə ...]

Quiero ...

Ich möchte ...
[ɪç 'mœçtə ...]

¿Tiene ...?

Haben Sie ...?
['ha:bən zi: ...?]

¿Hay ... por aquí?

Gibt es hier ...?
[gi:pt ɛs hi:ɐ ...?]

¿Puedo ...?

Kann ich ...?
[kan ɪç ...?]

..., por favor? (petición educada)

Bitte
['bɪtə]

Busco ...

Ich suche ...
[ɪç 'zu:χə ...]

el servicio

Toilette
[toa'lɛtə]

un cajero automático

Geldautomat
['gɛlt?aʊto,ma:t]

una farmacia

Apotheke
[apo'te:kə]

el hospital

Krankenhaus
['kʀaŋkən,haʊs]

la comisaría

Polizeistation
[poli'tsaɪ·ʃta,tsjo:n]

el metro

U-Bahn
['u:ba:n]

un taxi	**Taxi** ['taksi]
la estación de tren	**Bahnhof** ['baːnˌhoːf]

Me llamo …	**Ich heiße …** [ɪç 'haɪsə …]
¿Cómo se llama?	**Wie heißen Sie?** [viː 'haɪsən ziː?]
¿Puede ayudarme, por favor?	**Helfen Sie mir bitte.** ['hɛlfən ziː miːɐ 'bɪtə]
Tengo un problema.	**Ich habe ein Problem.** [ɪç 'haːbə aɪn pʀoˈbleːm]
Me encuentro mal.	**Mir ist schlecht.** [miːɐ ɪs ʃlɛçt]
¡Llame a una ambulancia!	**Rufen Sie einen Krankenwagen!** ['ʀuːfən ziː 'aɪnən 'kʀaŋkənˌvaːgən!]
¿Puedo llamar, por favor?	**Darf ich telefonieren?** [daʀf ɪç telefoˈniːʀən?]

Lo siento.	**Entschuldigung.** [ɛntˈʃʊldɪgʊŋ]
De nada.	**Keine Ursache.** ['kaɪnə 'uːɐˌzaxə]

Yo	**ich** [ɪç]
tú	**du** [duː]
él	**er** [eːɐ]
ella	**sie** [ziː]
ellos	**sie** [ziː]
ellas	**sie** [ziː]
nosotros /nosotras/	**wir** [viːɐ]
ustedes, vosotros	**ihr** [iːɐ]
usted	**Sie** [ziː]

ENTRADA	**EINGANG** ['aɪnˌgaŋ]
SALIDA	**AUSGANG** ['aʊsˌgaŋ]
FUERA DE SERVICIO	**AUßER BETRIEB** [ˌaʊsɐ bəˈtʀiːp]
CERRADO	**GESCHLOSSEN** [gəˈʃlɔsən]

ABIERTO

OFFEN
[ˈɔfən]

PARA SEÑORAS

FÜR DAMEN
[fyːɐ ˈdamən]

PARA CABALLEROS

FÜR HERREN
[fyːɐ ˈhɛʀən]

VOCABULARIO TEMÁTICO

Esta sección contiene más
de 3.000 de las palabras más
importantes. El diccionario
le proporcionará una ayuda
inestimable mientras viaja al
extranjero, porque las palabras
individuales son a menudo
suficientes para que
le entiendan.
El diccionario incluye una
transcripción adecuada
de cada palabra extranjera

T&P Books Publishing

CONTENIDO
DEL DICCIONARIO

T&P Books Publishing

CONCEPTOS BÁSICOS

T&P Books Publishing

1. Los pronombres

yo	ich	[ɪç]
tú	du	[duː]
él	er	[eːɐ]
ella	sie	[ziː]
ello	es	[ɛs]
nosotros, -as	wir	[viːɐ]
vosotros, -as	ihr	[iːɐ]
Usted	Sie	[ziː]
Ustedes	Sie	[ziː]
ellos, ellas	sie	[ziː]

2. Saludos. Salutaciones

¡Hola! (fam.)	**Hallo!**	[haˈloː]
¡Hola! (form.)	**Hallo!**	[haˈloː]
¡Buenos días!	**Guten Morgen!**	[ˈguːtən ˈmɔʁgən]
¡Buenas tardes!	**Guten Tag!**	[ˈguːtən ˈtaːk]
¡Buenas noches!	**Guten Abend!**	[ˈguːtən ˈaːbənt]
decir hola	**grüßen** (vi, vt)	[ˈgʁyːsən]
¡Hola! (a un amigo)	**Hallo!**	[haˈloː]
saludo (m)	**Gruß** (m)	[gʁuːs]
saludar (vt)	**begrüßen** (vt)	[bəˈgʁyːsən]
¿Cómo estás?	**Wie geht's?**	[ˌviː ˈgeːts]
¿Qué hay de nuevo?	**Was gibt es Neues?**	[vas giːpt ɛs ˈnɔɪəs]
¡Chau! ¡Adiós!	**Auf Wiedersehen!**	[aʊf ˈviːdɐˌzeːən]
¡Hasta pronto!	**Bis bald!**	[bɪs balt]
¡Adiós! (fam.)	**Lebe wohl!**	[ˈleːbə voːl]
¡Adiós! (form.)	**Leben Sie wohl!**	[ˈleːbən ziː voːl]
despedirse (vr)	**sich verabschieden**	[zɪç fɛɐˈapʃiːdən]
¡Hasta luego!	**Tschüs!**	[tʃyːs]
¡Gracias!	**Danke!**	[ˈdaŋkə]
¡Muchas gracias!	**Dankeschön!**	[ˈdaŋkəʃøːn]
De nada	**Bitte!**	[ˈbɪtə]
No hay de qué	**Keine Ursache!**	[ˈkaɪnə ˈuːɐˌzaxə]
De nada	**Nichts zu danken!**	[nɪçts tsu ˈdaŋkən]
¡Disculpa!	**Entschuldige!**	[ɛntˈʃuldɪgə]
¡Disculpe!	**Entschuldigung!**	[ɛntˈʃuldɪgʊŋ]

disculpar (vt)	entschuldigen (vt)	[ɛnt'ʃʊldɪgən]
disculparse (vr)	sich entschuldigen	[zɪç ɛnt'ʃʊldɪgən]
Mis disculpas	Verzeihung!	[fɛɐ'tsaɪʊŋ]
¡Perdóneme!	Entschuldigung!	[ɛnt'ʃʊldɪgʊŋ]
perdonar (vt)	verzeihen (vt)	[fɛɐ'tsaɪən]
¡No pasa nada!	Das macht nichts!	[das maχt nɪçts]
por favor	bitte	['bɪtə]
¡No se le olvide!	Nicht vergessen!	[nɪçt fɛɐ'gɛsən]
¡Ciertamente!	Natürlich!	[na'ty:əlɪç]
¡Claro que no!	Natürlich nicht!	[na'ty:əlɪç 'nɪçt]
¡De acuerdo!	Gut! Okay!	[gu:t], [o'ke:]
¡Basta!	Es ist genug!	[ɛs ist gə'nu:k]

3. Las preguntas

¿Quién?	Wer?	[ve:ɐ]
¿Qué?	Was?	[vas]
¿Dónde?	Wo?	[vo:]
¿Adónde?	Wohin?	[vo'hɪn]
¿De dónde?	Woher?	[vo'he:ɐ]
¿Cuándo?	Wann?	[van]
¿Para qué?	Wozu?	[vo'tsu:]
¿Por qué?	Warum?	[va'ʀʊm]
¿Por qué razón?	Wofür?	[vo'fy:ɐ]
¿Cómo?	Wie?	[vi:]
¿Qué ...? (~ color)	Welcher?	['vɛlçɐ]
¿Cuál?	Welcher?	['vɛlçɐ]
¿A quién?	Wem?	[ve:m]
¿De quién? (~ hablan ...)	Über wen?	['y:bɐ ve:n]
¿De qué?	Wovon?	[vo:'fɔn]
¿Con quién?	Mit wem?	[mɪt ve:m]
¿Cuánto? (innum.)	Wie viel?	['vi: fi:l]
¿Cuánto? (num.)	Wie viele?	[vi: 'fi:lə]
¿De quién? (~ es este ...)	Wessen?	['vɛsən]

4. Las preposiciones

con ... (~ algn)	mit	[mɪt]
sin ... (~ azúcar)	ohne	['o:nə]
a ... (p.ej. voy a México)	nach	[na:χ]
de ... (hablar ~)	über	['y:bɐ]
antes de ...	vor	[fo:ɐ]
delante de ...	vor	[fo:ɐ]
debajo	unter	['ʊntɐ]

sobre …, encima de …	über	['y:bɐ]
en, sobre (~ la mesa)	auf	[aʊf]
de (origen)	aus	['aʊs]
de (fabricado de)	aus, von	['aʊs], [fɔn]
dentro de …	in	[ɪn]
encima de …	über	['y:bɐ]

5. Las palabras útiles. Los adverbios. Unidad 1

¿Dónde?	Wo?	[vo:]
aquí (adv)	hier	[hi:ɐ]
allí (adv)	dort	[dɔʁt]
en alguna parte	irgendwo	['ɪʁgənt'vo:]
en ninguna parte	nirgends	['nɪʁgənts]
junto a …	an	[an]
junto a la ventana	am Fenster	[am 'fɛnstɐ]
¿A dónde?	Wohin?	[vo'hɪn]
aquí (venga ~)	hierher	['hi:ɐ'he:ɐ]
allí (vendré ~)	dahin	[da'hɪn]
de aquí (adv)	von hier	[fɔn hi:ɐ]
de allí (adv)	von da	[fɔn da:]
cerca (no lejos)	nah	[na:]
lejos (adv)	weit	[vaɪt]
cerca de …	in der Nähe von …	[ɪn de:ɐ 'nɛ:ə fɔn]
al lado (de …)	in der Nähe	[ɪn de:ɐ 'nɛ:ə]
no lejos (adv)	unweit	['ʊnvaɪt]
izquierdo (adj)	link	[lɪŋk]
a la izquierda (situado ~)	links	[lɪŋks]
a la izquierda (girar ~)	nach links	[na:χ lɪŋks]
derecho (adj)	recht	[ʁɛçt]
a la derecha (situado ~)	rechts	[ʁɛçts]
a la derecha (girar)	nach rechts	[na:χ ʁɛçts]
delante (yo voy ~)	vorne	['fɔʁnə]
delantero (adj)	Vorder-	['fɔʁdɐ]
adelante (movimiento)	vorwärts	['fo:ɐvɛʁts]
detrás de …	hinten	['hɪntən]
desde atrás	von hinten	[fɔn 'hɪntən]
atrás (da un paso ~)	rückwärts	['ʁʏkˌvɛʁts]
centro (m), medio (m)	Mitte (f)	['mɪtə]
en medio (adv)	in der Mitte	[ɪn de:ɐ 'mɪtə]

de lado (adv)	seitlich	['zaɪtlɪç]
en todas partes	überall	[y:bɐ'ʔal]
alrededor (adv)	ringsherum	[ˌʀɪŋshɛ'ʀʊm]

de dentro (adv)	von innen	[fɔn 'ɪnən]
a alguna parte	irgendwohin	['ɪʀɡənt·vo'hɪn]
todo derecho (adv)	geradeaus	[ɡəʀa:də'ʔaʊs]
atrás (muévelo para ~)	zurück	[tsu'ʀʏk]

| de alguna parte (adv) | irgendwoher | ['ɪʀɡənt·vo'he:ɐ] |
| no se sabe de dónde | von irgendwo | [fɔn ˌɪʀɡənt'vo:] |

primero (adv)	erstens	['e:ɐstəns]
segundo (adv)	zweitens	['tsvaɪtəns]
tercero (adv)	drittens	['dʀɪtəns]

de súbito (adv)	plötzlich	['plœtslɪç]
al principio (adv)	zuerst	[tsu'ʔe:ɐst]
por primera vez	zum ersten Mal	[tsʊm 'e:ɐstən 'ma:l]
mucho tiempo antes …	lange vor …	['laŋə fo:ɐ]
de nuevo (adv)	von Anfang an	[fɔn 'anˌfaŋ an]
para siempre (adv)	für immer	[fy:ɐ 'ɪmɐ]

jamás, nunca (adv)	nie	[ni:]
de nuevo (adv)	wieder	['vi:dɐ]
ahora (adv)	jetzt	[jɛtst]
frecuentemente (adv)	oft	[ɔft]
entonces (adv)	damals	['da:ma:ls]
urgentemente (adv)	dringend	['dʀɪŋənt]
usualmente (adv)	gewöhnlich	[ɡə'vøːnlɪç]

a propósito, …	übrigens, …	['y:bʀɪɡəns]
es probable	möglicherweise	['møːklɪçɐ'vaɪzə]
probablemente (adv)	wahrscheinlich	[va:ɐ'ʃaɪnlɪç]
tal vez	vielleicht	[fi'laɪçt]
además …	außerdem …	['aʊsɐde:m]
por eso …	deshalb …	['dɛs'halp]
a pesar de …	trotz …	[tʀɔts]
gracias a …	dank …	[daŋk]

qué (pron)	was	[vas]
que (conj)	das	[das]
algo (~ le ha pasado)	etwas	['ɛtvas]
algo (~ así)	irgendwas	['ɪʀɡənt'vas]
nada (f)	nichts	[nɪçts]

quien	wer	[ve:ɐ]
alguien (viene ~)	jemand	['je:mant]
alguien (¿ha llamado ~?)	irgendwer	['ɪʀɡənt've:ɐ]

| nadie | niemand | ['ni:mant] |
| a ninguna parte | nirgends | ['nɪʀɡənts] |

| de nadie | niemandes | ['ni:mandəs] |
| de alguien | jemandes | ['je:mandəs] |

tan, tanto (adv)	so	[zo:]
también (~ habla francés)	auch	['auχ]
también (p.ej. Yo ~)	ebenfalls	['e:bən‚fals]

6. Las palabras útiles. Los adverbios. Unidad 2

¿Por qué?	Warum?	[va'ʀʊm]
no se sabe porqué	aus irgendeinem Grund	['aʊs 'ɪʀɡənt'ʔaɪnəm ɡʀʊnt]
porque ...	weil ...	[vaɪl]
por cualquier razón (adv)	zu irgendeinem Zweck	[tsu 'ɪʀɡənt'ʔaɪnəm tsvɛk]

y (p.ej. uno y medio)	und	[ʊnt]
o (p.ej. té o café)	oder	['o:də]
pero (p.ej. me gusta, ~)	aber	['a:bə]
para (p.ej. es para ti)	für	[fy:ɐ]

demasiado (adv)	zu	[tsu:]
sólo, solamente (adv)	nur	[nu:ɐ]
exactamente (adv)	genau	[ɡə'naʊ]
unos ..., cerca de ... (~ 10 kg)	etwa	['ɛtva]

aproximadamente	ungefähr	['ʊnɡəfɛ:ɐ]
aproximado (adj)	ungefähr	['ʊnɡəfɛ:ɐ]
casi (adv)	fast	[fast]
resto (m)	Übrige (n)	['y:bʀɪɡə]

el otro (adj)	der andere	[de:ɐ 'andəʀə]
otro (p.ej. el otro día)	andere	['andəʀə]
cada (adj)	jeder (m)	['je:də]
cualquier (adj)	beliebig	[bɛ'li:bɪç]
mucho (adv)	viel	[fi:l]
muchos (mucha gente)	viele Menschen	['fi:lə 'mɛnʃən]
todos	alle	['alə]

a cambio de ...	im Austausch gegen ...	[ɪm 'aʊs‚taʊʃ 'ɡe:ɡən]
en cambio (adv)	dafür	[da'fy:ɐ]
a mano (hecho ~)	mit der Hand	[mɪt de:ɐ hant]
poco probable	schwerlich	['ʃve:ɐlɪç]

probablemente	wahrscheinlich	[va:ɐ'ʃaɪnlɪç]
a propósito (adv)	absichtlich	['ap‚zɪçtlɪç]
por accidente (adv)	zufällig	['tsu:fɛlɪç]

| muy (adv) | sehr | [ze:ɐ] |
| por ejemplo (adv) | zum Beispiel | [tsʊm 'baɪʃpi:l] |

entre (~ nosotros)	**zwischen**	['tsvɪʃən]
entre (~ otras cosas)	**unter**	['ʊntɐ]
tanto (~ gente)	**so viel**	[zo: 'fi:l]
especialmente (adv)	**besonders**	[bə'zɔndɐs]

NÚMEROS. MISCELÁNEA

T&P Books Publishing

cero	null	[nʊl]
uno	eins	[aɪns]
dos	zwei	[tsvaɪ]
tres	drei	[dʀaɪ]
cuatro	vier	[fiːɐ]

cinco	fünf	[fʏnf]
seis	sechs	[zɛks]
siete	sieben	['ziːbən]
ocho	acht	[aχt]
nueve	neun	[nɔɪn]

diez	zehn	[tseːn]
once	elf	[ɛlf]
doce	zwölf	[tsvœlf]
trece	dreizehn	['dʀaɪtseːn]
catorce	vierzehn	['fɪɐtseːn]

quince	fünfzehn	['fʏnftseːn]
dieciséis	sechzehn	['zɛçtseːn]
diecisiete	siebzehn	['ziːptseːn]
dieciocho	achtzehn	['aχtseːn]
diecinueve	neunzehn	['nɔɪntseːn]

veinte	zwanzig	['tsvantsɪç]
veintiuno	einundzwanzig	['aɪn·ʊnt·'tsvantsɪç]
veintidós	zweiundzwanzig	['tsvaɪ·ʊnt·'tsvantsɪç]
veintitrés	dreiundzwanzig	['dʀaɪ·ʊnt·'tsvantsɪç]

treinta	dreißig	['dʀaɪsɪç]
treinta y uno	einunddreißig	['aɪn·ʊnt·'dʀaɪsɪç]
treinta y dos	zweiunddreißig	['tsvaɪ·ʊnt·'dʀaɪsɪç]
treinta y tres	dreiunddreißig	['dʀaɪ·ʊnt·'dʀaɪsɪç]

cuarenta	vierzig	['fɪɐtsɪç]
cuarenta y uno	einundvierzig	['aɪn·ʊnt·'fɪɐtsɪç]
cuarenta y dos	zweiundvierzig	['tsvaɪ·ʊnt·'fɪɐtsɪç]
cuarenta y tres	dreiundvierzig	['dʀaɪ·ʊnt·'fɪɐtsɪç]

cincuenta	fünfzig	['fʏnftsɪç]
cincuenta y uno	einundfünfzig	['aɪn·ʊnt·'fʏnftsɪç]
cincuenta y dos	zweiundfünfzig	['tsvaɪ·ʊnt·'fʏnftsɪç]
cincuenta y tres	dreiundfünfzig	['dʀaɪ·ʊnt·'fʏnftsɪç]
sesenta	sechzig	['zɛçtsɪç]

sesenta y uno	einundsechzig	['aɪn·ʊnt·'zɛçtsɪç]
sesenta y dos	zweiundsechzig	['tsvaɪ·ʊnt·'zɛçtsɪç]
sesenta y tres	dreiundsechzig	['dʀaɪ·ʊnt·'zɛçtsɪç]

setenta	siebzig	['ziːptsɪç]
setenta y uno	einundsiebzig	['aɪn·ʊnt·'ziːptsɪç]
setenta y dos	zweiundsiebzig	['tsvaɪ·ʊnt·'ziːptsɪç]
setenta y tres	dreiundsiebzig	['dʀaɪ·ʊnt·'ziːptsɪç]

ochenta	achtzig	['aχtsɪç]
ochenta y uno	einundachtzig	['aɪn·ʊnt·'aχtsɪç]
ochenta y dos	zweiundachtzig	['tsvaɪ·ʊnt·'aχtsɪç]
ochenta y tres	dreiundachtzig	['dʀaɪ·ʊnt·'aχtsɪç]

noventa	neunzig	['nɔɪntsɪç]
noventa y uno	einundneunzig	['aɪn·ʊnt·'nɔɪntsɪç]
noventa y dos	zweiundneunzig	['tsvaɪ·ʊnt·'nɔɪntsɪç]
noventa y tres	dreiundneunzig	['dʀaɪ·ʊnt·'nɔɪntsɪç]

8. Números cardinales. Unidad 2

cien	einhundert	['aɪn‚hʊndet]
doscientos	zweihundert	['tsvaɪ‚hʊndet]
trescientos	dreihundert	['dʀaɪ‚hʊndet]
cuatrocientos	vierhundert	['fiːɐ‚hʊndet]
quinientos	fünfhundert	['fʏnf‚hʊndet]

seiscientos	sechshundert	[zɛks‚hʊndet]
setecientos	siebenhundert	['ziːbən‚hʊndet]
ochocientos	achthundert	['aχt‚hʊndet]
novecientos	neunhundert	['nɔɪn‚hʊndet]

mil	eintausend	['aɪn‚tauzənt]
dos mil	zweitausend	['tsvaɪ‚tauzənt]
tres mil	dreitausend	['dʀaɪ‚tauzənt]
diez mil	zehntausend	['tsen‚tauzənt]
cien mil	hunderttausend	['hʊndet‚tauzənt]
millón (m)	Million (f)	[mɪ'ljoːn]
mil millones	Milliarde (f)	[mɪ'ʀaʀdə]

9. Números ordinales

primero (adj)	der erste	[deːɐ 'ɛʀstə]
segundo (adj)	der zweite	[deːɐ 'tsvaɪtə]
tercero (adj)	der dritte	[deːɐ 'dʀɪtə]
cuarto (adj)	der vierte	[deːɐ 'fiːətə]
quinto (adj)	der fünfte	[deːɐ 'fʏnftə]
sexto (adj)	der sechste	[deːɐ 'zɛkstə]

séptimo (adj)	**der siebte**	[deːɐ̯ 'ziːptə]
octavo (adj)	**der achte**	[deːɐ̯ 'aχtə]
noveno (adj)	**der neunte**	[deːɐ̯ 'nɔɪntə]
décimo (adj)	**der zehnte**	[deːɐ̯ tseːntə]

T&P BOOKS

LOS COLORES.
LAS UNIDADES DE MEDIDA

T&P Books Publishing

10. Los colores

color (m)	Farbe (f)	['faʁbə]
matiz (m)	Schattierung (f)	[ʃa'tiːʁʊŋ]
tono (m)	Farbton (m)	['faʁpˌtoːn]
arco (m) iris	Regenbogen (m)	['ʁeːgənˌboːgən]

blanco (adj)	weiß	[vaɪs]
negro (adj)	schwarz	[ʃvaʁts]
gris (adj)	grau	[gʁaʊ]

verde (adj)	grün	[gʁyːn]
amarillo (adj)	gelb	[gɛlp]
rojo (adj)	rot	[ʁoːt]
azul (adj)	blau	[blaʊ]
azul claro (adj)	hellblau	['hɛlˌblaʊ]
rosa (adj)	rosa	['ʁoːza]
naranja (adj)	orange	[o'ʁaŋʃ]
violeta (adj)	violett	[vɪo'lɛt]
marrón (adj)	braun	[bʁaʊn]

dorado (adj)	golden	['gɔldən]
argentado (adj)	silbrig	['zɪlbʁɪç]
beige (adj)	beige	[beːʃ]
crema (adj)	cremefarben	['kʁeːmˌfaʁbən]
turquesa (adj)	türkis	[tʏʁ'kiːs]
rojo cereza (adj)	kirschrot	['kɪʁʃʁoːt]
lila (adj)	lila	['liːla]
carmesí (adj)	himbeerrot	['hɪmbeːɐˌʁoːt]

claro (adj)	hell	[hɛl]
oscuro (adj)	dunkel	['dʊŋkəl]
vivo (adj)	grell	[gʁɛl]

de color (lápiz ~)	Farb-	['faʁp]
en colores (película ~)	Farb-	['faʁp]
blanco y negro (adj)	schwarz-weiß	['ʃvaʁtsˌvaɪs]
unicolor (adj)	einfarbig	['aɪnˌfaʁbɪç]
multicolor (adj)	bunt	[bʊnt]

11. Las unidades de medida

| peso (m) | Gewicht (n) | [gə'vɪçt] |
| longitud (f) | Länge (f) | ['lɛŋə] |

anchura (f)	**Breite** (f)	['bʀaɪtə]
altura (f)	**Höhe** (f)	['høːə]
profundidad (f)	**Tiefe** (f)	['tiːfə]
volumen (m)	**Volumen** (n)	[vo'luːmən]
área (f)	**Fläche** (f)	['flɛçə]

gramo (m)	**Gramm** (n)	[gʀam]
miligramo (m)	**Milligramm** (n)	['mɪliˌgʀam]
kilogramo (m)	**Kilo** (n)	['kiːlo]
tonelada (f)	**Tonne** (f)	['tɔnə]
libra (f)	**Pfund** (n)	[pfʊnt]
onza (f)	**Unze** (f)	['ʊntsə]

metro (m)	**Meter** (m, n)	['meːtɐ]
milímetro (m)	**Millimeter** (m)	['mɪliˌmeːtɐ]
centímetro (m)	**Zentimeter** (m, n)	[ˌtsɛnti'meːtɐ]
kilómetro (m)	**Kilometer** (m)	[ˌkilo'meːtɐ]
milla (f)	**Meile** (f)	['maɪlə]

pulgada (f)	**Zoll** (m)	[tsɔl]
pie (m)	**Fuß** (m)	[fuːs]
yarda (f)	**Yard** (n)	[jaˑɐt]

metro (m) cuadrado	**Quadratmeter** (m)	[kva'dʀaːtˌmeːtɐ]
hectárea (f)	**Hektar** (n)	['hɛktaːɐ]
litro (m)	**Liter** (m, n)	['liːtɐ]
grado (m)	**Grad** (m)	[gʀaːt]
voltio (m)	**Volt** (n)	[vɔlt]
amperio (m)	**Ampere** (n)	[am'peːɐ]
caballo (m) de fuerza	**Pferdestärke** (f)	['pfeːɐdəˌʃtɛʀkə]

cantidad (f)	**Anzahl** (f)	['antsaːl]
un poco de …	**etwas …**	['ɛtvas]
mitad (f)	**Hälfte** (f)	['hɛlftə]
docena (f)	**Dutzend** (n)	['dʊtsənt]
pieza (f)	**Stück** (n)	[ʃtʏk]

dimensión (f)	**Größe** (f)	['gʀøːsə]
escala (f) (del mapa)	**Maßstab** (m)	['maːsˌʃtaːp]

mínimo (adj)	**minimal**	[mini'maːl]
el más pequeño (adj)	**der kleinste**	[deːɐ 'klaɪnstə]
medio (adj)	**mittler, mittel-**	['mɪtlɐ], ['mɪtəl]
máximo (adj)	**maximal**	[maksi'maːl]
el más grande (adj)	**der größte**	[deːɐ 'gʀøːstə]

12. Contenedores

tarro (m) de vidrio	**Glas** (n)	[glaːs]
lata (f)	**Dose** (f)	['doːzə]

cubo (m)	**Eimer** (m)	[ˈaɪmɐ]
barril (m)	**Fass** (n), **Tonne** (f)	[fas], [ˈtɔnə]
palangana (f)	**Waschschüssel** (n)	[ˈvaʃʃʏsəl]
tanque (m)	**Tank** (m)	[taŋk]
petaca (f) (de alcohol)	**Flachmann** (m)	[ˈflaχman]
bidón (m) de gasolina	**Kanister** (m)	[kaˈnɪstɐ]
cisterna (f)	**Zisterne** (f)	[tsɪsˈtɛʁnə]
taza (f) (mug de cerámica)	**Kaffeebecher** (m)	[ˈkafeˌbɛçɐ]
taza (f) (~ de café)	**Tasse** (f)	[ˈtasə]
platillo (m)	**Untertasse** (f)	[ˈʊntɐˌtasə]
vaso (m) (~ de agua)	**Wasserglas** (n)	[ˈvasɐˌɡlaːs]
copa (f) (~ de vino)	**Weinglas** (n)	[ˈvaɪnˌɡlaːs]
olla (f)	**Kochtopf** (m)	[ˈkɔχˌtɔpf]
botella (f)	**Flasche** (f)	[ˈflaʃə]
cuello (m) de botella	**Flaschenhals** (m)	[ˈflaʃənˌhals]
garrafa (f)	**Karaffe** (f)	[kaˈʁafə]
jarro (m) (~ de agua)	**Tonkrug** (m)	[ˈtoːnˌkʁuːk]
recipiente (m)	**Gefäß** (n)	[ɡəˈfɛːs]
tarro (m)	**Tontopf** (m)	[ˈtoːnˌtɔpf]
florero (m)	**Vase** (f)	[ˈvaːzə]
frasco (m) (~ de perfume)	**Flakon** (n)	[flaˈkɔn]
frasquito (m)	**Fläschchen** (n)	[ˈflɛʃçən]
tubo (m)	**Tube** (f)	[ˈtuːbə]
saco (m) (~ de azúcar)	**Sack** (m)	[zak]
bolsa (f) (~ plástica)	**Tüte** (f)	[ˈtyːtə]
paquete (m) (~ de cigarrillos)	**Schachtel** (f)	[ˈʃaχtəl]
caja (f)	**Karton** (m)	[kaʁˈtɔn]
cajón (m) (~ de madera)	**Kiste** (f)	[ˈkɪstə]
cesta (f)	**Korb** (m)	[kɔʁp]

T&P BOOKS

LOS VERBOS MÁS IMPORTANTES

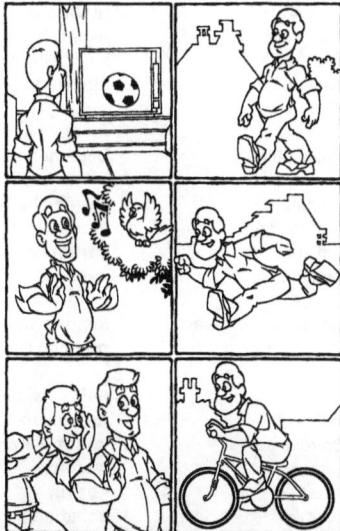

T&P Books Publishing

abrir (vt)	**öffnen** (vt)	['œfnən]
acabar, terminar (vt)	**beenden** (vt)	[bə'ʔɛndən]
aconsejar (vt)	**raten** (vt)	['ʀaːtən]
adivinar (vt)	**richtig raten** (vt)	['ʀɪçtɪç 'ʀaːtən]
advertir (vt)	**warnen** (vt)	['vaʁnən]
alabarse, jactarse (vr)	**prahlen** (vi)	['pʀaːlən]
almorzar (vi)	**zu Mittag essen**	[tsu 'mɪtaːk 'ɛsən]
alquilar (~ una casa)	**mieten** (vt)	['miːtən]
amenazar (vt)	**drohen** (vi)	['dʀoːən]
arrepentirse (vr)	**bedauern** (vt)	[bə'dauən]
ayudar (vt)	**helfen** (vi)	['hɛlfən]
bañarse (vr)	**schwimmen gehen**	['ʃvɪmən 'geːən]
bromear (vi)	**Witz machen**	[vɪts 'maxən]
buscar (vt)	**suchen** (vt)	['zuːxən]
caer (vi)	**fallen** (vi)	['falən]
callarse (vr)	**schweigen** (vi)	['ʃvaɪgən]
cambiar (vt)	**ändern** (vt)	['ɛndən]
castigar, punir (vt)	**bestrafen** (vt)	[bə'ʃtʀaːfən]
cavar (vt)	**graben** (vt)	['gʀaːbən]
cazar (vi, vt)	**jagen** (vi)	['jagən]
cenar (vi)	**zu Abend essen**	[tsu 'aːbənt 'ɛsən]
cesar (vt)	**einstellen** (vt)	['aɪnʃtɛlən]
coger (vt)	**fangen** (vt)	['faŋən]
comenzar (vt)	**beginnen** (vt)	[bə'gɪnən]
comparar (vt)	**vergleichen** (vt)	[fɛɐ'glaɪçən]
comprender (vt)	**verstehen** (vt)	[fɛɐ'ʃteːən]
confiar (vt)	**vertrauen** (vi)	[fɛɐ'tʀauən]
confundir (vt)	**verwechseln** (vt)	[fɛɐ'vɛksəln]
conocer (~ a alguien)	**kennen** (vt)	['kɛnən]
contar (vt) (enumerar)	**rechnen** (vt)	['ʀɛçnən]
contar con …	**auf … zählen**	[auf … 'tsɛːlən]
continuar (vt)	**fortsetzen** (vt)	['fɔʁtˌzɛtsən]
controlar (vt)	**kontrollieren** (vt)	[kɔntʀɔ'liːʀən]
correr (vi)	**laufen** (vi)	['laufən]
costar (vt)	**kosten** (vt)	['kostən]
crear (vt)	**schaffen** (vt)	['ʃafən]

14. Los verbos más importantes. Unidad 2

dar (vt)	**geben** (vt)	['ge:bən]
dar una pista	**andeuten** (vt)	['an‚dɔɪtən]
decir (vt)	**sagen** (vt)	['za:gən]
decorar (para la fiesta)	**schmücken** (vt)	['ʃmʏkən]
defender (vt)	**verteidigen** (vt)	[fɛɐ'taɪdɪgən]
dejar caer	**fallen lassen**	['falən 'lasən]
desayunar (vi)	**frühstücken** (vi)	['fʀy:‚ʃtʏkən]
descender (vi)	**herabsteigen** (vi)	[hɛ'ʀap‚ʃtaɪgən]
dirigir (administrar)	**leiten** (vt)	['laɪtən]
disculparse (vr)	**sich entschuldigen**	[zɪç ɛnt'ʃʊldɪgən]
discutir (vt)	**besprechen** (vt)	[bə'ʃpʀɛçən]
dudar (vt)	**zweifeln** (vi)	['tsvaɪfəln]
encontrar (hallar)	**finden** (vt)	['fɪndən]
engañar (vi, vt)	**täuschen** (vt)	['tɔɪʃən]
entrar (vi)	**hereinkommen** (vi)	[hɛ'ʀaɪn‚kɔmən]
enviar (vt)	**abschicken** (vt)	['ap‚ʃɪkən]
equivocarse (vr)	**sich irren**	[zɪç 'ɪʀən]
escoger (vt)	**wählen** (vt)	['vɛ:lən]
esconder (vt)	**verstecken** (vt)	[fɛɐ'ʃtɛkən]
escribir (vt)	**schreiben** (vi, vt)	['ʃʀaɪbən]
esperar (aguardar)	**warten** (vi)	['vaʁtən]
esperar (tener esperanza)	**hoffen** (vi)	['hɔfən]
estar de acuerdo	**zustimmen** (vi)	['tsu:‚ʃtɪmən]
estudiar (vt)	**lernen** (vt)	['lɛʁnən]
exigir (vt)	**verlangen** (vt)	[fɛɐ'laŋən]
existir (vi)	**existieren** (vi)	[‚ɛksɪs'ti:ʀən]
explicar (vt)	**erklären** (vt)	[ɛɐ'klɛ:ʀən]
faltar (a las clases)	**versäumen** (vt)	[fɛɐ'zɔɪmən]
firmar (~ el contrato)	**unterschreiben** (vt)	[‚ʊntɐ'ʃʀaɪbən]
girar (~ a la izquierda)	**abbiegen** (vi)	['ap‚bi:gən]
gritar (vi)	**schreien** (vi)	['ʃʀaɪən]
guardar (conservar)	**aufbewahren** (vt)	['aʊfbə‚va:ʀən]
gustar (vi)	**gefallen** (vi)	[gə'falən]
hablar (vi, vt)	**sprechen** (vi)	['ʃpʀɛçən]
hacer (vt)	**machen** (vt)	['maxən]
informar (vt)	**informieren** (vt)	[ɪnfɔʁ'mi:ʀən]
insistir (vi)	**bestehen auf**	[bə'ʃte:ən aʊf]
insultar (vt)	**kränken** (vt)	['kʀɛŋkən]
interesarse (vr)	**sich interessieren**	[zɪç ɪntəʀɛ'si:ʀən]
invitar (vt)	**einladen** (vt)	['aɪn‚la:dən]

| ir (a pie) | **gehen** (vi) | ['ge:ən] |
| jugar (divertirse) | **spielen** (vi, vt) | ['ʃpi:lən] |

15. Los verbos más importantes. Unidad 3

leer (vi, vt)	**lesen** (vi, vt)	['le:zən]
liberar (ciudad, etc.)	**befreien** (vt)	[bə'fʀaɪən]
llamar (por ayuda)	**rufen** (vi)	['ʀu:fən]
llegar (vi)	**ankommen** (vi)	['an‚kɔmən]
llorar (vi)	**weinen** (vi)	['vaɪnən]

matar (vt)	**ermorden** (vt)	[ɛɐ'mɔʀdən]
mencionar (vt)	**erwähnen** (vt)	[ɛɐ'vɛ:nən]
mostrar (vt)	**zeigen** (vt)	['tsaɪgən]
nadar (vi)	**schwimmen** (vi)	['ʃvɪmən]

negarse (vr)	**sich weigern**	[zɪç 'vaɪgən]
objetar (vt)	**einwenden** (vt)	['aɪn‚vɛndən]
observar (vt)	**beobachten** (vt)	[bə'ʔo:baxtən]
oír (vt)	**hören** (vt)	['hø:ʀən]

olvidar (vt)	**vergessen** (vt)	[fɛɐ'gɛsən]
orar (vi)	**beten** (vi)	['be:tən]
ordenar (mil.)	**befehlen** (vt)	[‚bə'fe:lən]
pagar (vi, vt)	**zahlen** (vt)	['tsa:lən]
pararse (vr)	**stoppen** (vt)	['ʃtɔpən]

participar (vi)	**teilnehmen** (vi)	['taɪl‚ne:mən]
pedir (ayuda, etc.)	**bitten** (vt)	['bɪtən]
pedir (en restaurante)	**bestellen** (vt)	[bə'ʃtɛlən]
pensar (vi, vt)	**denken** (vi, vt)	['dɛŋkən]

percibir (ver)	**bemerken** (vt)	[bə'mɛʀkən]
perdonar (vt)	**verzeihen** (vt)	[fɛɐ'tsaɪən]
permitir (vt)	**erlauben** (vt)	[ɛɐ'laubən]
pertenecer a ...	**gehören** (vi)	[gə'hø:ʀən]

planear (vt)	**planen** (vt)	['pla:nən]
poder (v aux)	**können** (v mod)	['kœnən]
poseer (vt)	**besitzen** (vt)	[bə'zɪtsən]
preferir (vt)	**vorziehen** (vt)	['foɐ‚tsi:ən]
preguntar (vt)	**fragen** (vt)	['fʀa:gən]

preparar (la cena)	**zubereiten** (vt)	['tsu:bə‚ʀaɪtən]
prever (vt)	**voraussehen** (vt)	[fo'ʀaus‚ze:ən]
probar, tentar (vt)	**versuchen** (vt)	[fɛɐ'zu:xən]
prometer (vt)	**versprechen** (vt)	[fɛɐ'ʃpʀɛçən]
pronunciar (vt)	**aussprechen** (vt)	['aus‚ʃpʀɛçən]
proponer (vt)	**vorschlagen** (vt)	['fo:ɐ‚ʃla:gən]
quebrar (vt)	**brechen** (vt)	['bʀɛçən]

quejarse (vr)	klagen (vi)	['kla:gən]
querer (amar)	lieben (vt)	['li:bən]
querer (desear)	wollen (vt)	['vɔlən]

16. Los verbos más importantes. Unidad 4

recomendar (vt)	empfehlen (vt)	[ɛm'pfe:lən]
regañar, reprender (vt)	schelten (vt)	['ʃɛltən]
reírse (vr)	lachen (vi)	['laxən]
repetir (vt)	noch einmal sagen	[nɔx 'aɪnma:l 'za:gən]
reservar (~ una mesa)	reservieren (vt)	[ʀezɛʀ'vi:ʀən]
responder (vi, vt)	antworten (vi)	['ant‚vɔʀtən]

robar (vt)	stehlen (vt)	['ʃte:lən]
saber (~ algo mas)	wissen (vt)	['vɪsən]
salir (vi)	ausgehen (vi)	['aʊs‚ge:ən]
salvar (vt)	retten (vt)	['ʀɛtən]
seguir ...	folgen (vi)	['fɔlgən]
sentarse (vr)	sich setzen	[zɪç 'zɛtsən]

ser necesario	nötig sein	['nø:tɪç zaɪn]
ser, estar (vi)	sein (vi)	[zaɪn]
significar (vt)	bedeuten (vt)	[bə'dɔɪtən]
sonreír (vi)	lächeln (vi)	['lɛçəln]
sorprenderse (vr)	staunen (vi)	['ʃtaunən]

subestimar (vt)	unterschätzen (vt)	[‚ʊntɐ'ʃɛtsən]
tener (vt)	haben (vt)	[ha:bən]
tener hambre	hungrig sein	['hʊŋʀɪç zaɪn]
tener miedo	Angst haben	['aŋst 'ha:bən]

tener prisa	sich beeilen	[zɪç bə'ʔaɪlən]
tener sed	Durst haben	['dʊʀst 'ha:bən]
tirar, disparar (vi)	schießen (vi)	['ʃi:sən]
tocar (con las manos)	berühren (vt)	[bə'ʀy:ʀən]
tomar (vt)	nehmen (vt)	['ne:mən]
tomar nota	aufschreiben (vt)	['aʊfʃʀaɪbən]

trabajar (vi)	arbeiten (vi)	['aʀbaɪtən]
traducir (vt)	übersetzen (vt)	[‚y:bɐ'zɛtsən]
unir (vt)	vereinigen (vt)	[fɛɐ'ʔaɪnɪgən]
vender (vt)	verkaufen (vt)	[fɛɐ'kaʊfən]
ver (vt)	sehen (vi, vt)	['ze:ən]
volar (pájaro, avión)	fliegen (vi)	['fli:gən]

T&P BOOKS

LA HORA. EL CALENDARIO

T&P Books Publishing

17. Los días de la semana

lunes (m)	**Montag** (m)	['mo:nta:k]
martes (m)	**Dienstag** (m)	['di:nsta:k]
miércoles (m)	**Mittwoch** (m)	['mɪtvɔχ]
jueves (m)	**Donnerstag** (m)	['dɔnɐsta:k]
viernes (m)	**Freitag** (m)	['fʀaɪta:k]
sábado (m)	**Samstag** (m)	['zamsta:k]
domingo (m)	**Sonntag** (m)	['zɔnta:k]
hoy (adv)	**heute**	['hɔɪtə]
mañana (adv)	**morgen**	['mɔʀgən]
pasado mañana	**übermorgen**	['y:bɐˌmɔʀgən]
ayer (adv)	**gestern**	['gɛsten]
anteayer (adv)	**vorgestern**	['fo:ɐgɛsten]
día (m)	**Tag** (m)	[ta:k]
día (m) de trabajo	**Arbeitstag** (m)	['aʀbaɪtsˌta:k]
día (m) de fiesta	**Feiertag** (m)	['faɪɐˌta:k]
día (m) de descanso	**freier Tag** (m)	['fraɪɐ ta:k]
fin (m) de semana	**Wochenende** (n)	['vɔχənˌʔɛndə]
todo el día	**den ganzen Tag**	[den 'gantsən 'ta:k]
al día siguiente	**am nächsten Tag**	[am 'nɛ:çsten ta:k]
dos días atrás	**zwei Tage vorher**	[tsvaɪ 'ta:gə 'fo:ɐhe:ɐ]
en vísperas (adv)	**am Vortag**	[am 'fo:ɐˌta:k]
diario (adj)	**täglich**	['tɛ:klɪç]
cada día (adv)	**täglich**	['tɛ:klɪç]
semana (f)	**Woche** (f)	['vɔχə]
semana (f) pasada	**letzte Woche**	['lɛtstə 'vɔχə]
semana (f) que viene	**nächste Woche**	['nɛ:çstə 'vɔχə]
semanal (adj)	**wöchentlich**	['vœçəntlɪç]
cada semana (adv)	**wöchentlich**	['vœçəntlɪç]
2 veces por semana	**zweimal pro Woche**	['tsvaɪma:l pro 'vɔχə]
todos los martes	**jeden Dienstag**	['je:dən 'di:nsta:k]

18. Las horas. El día y la noche

mañana (f)	**Morgen** (m)	['mɔʀgən]
por la mañana	**morgens**	['mɔʀgəns]
mediodía (m)	**Mittag** (m)	['mɪta:k]
por la tarde	**nachmittags**	['na:χmɪˌta:ks]
noche (f)	**Abend** (m)	['a:bənt]

por la noche	**abends**	['a:bənts]
noche (f) (p.ej. 2:00 a.m.)	**Nacht** (f)	[naχt]
por la noche	**nachts**	[naχts]
medianoche (f)	**Mitternacht** (f)	['mɪtɐ͵naχt]

segundo (m)	**Sekunde** (f)	[ze'kʊndə]
minuto (m)	**Minute** (f)	[mi'nu:tə]
hora (f)	**Stunde** (f)	['ʃtʊndə]
media hora (f)	**eine halbe Stunde**	['aɪnə 'halbə 'ʃtʊndə]
cuarto (m) de hora	**Viertelstunde** (f)	['fɪʁtəl͵ʃtʊndə]
quince minutos	**fünfzehn Minuten**	['fʏnftse:n mi'nu:tən]
veinticuatro horas	**Tag und Nacht**	['ta:k ʊnt 'naχt]

salida (f) del sol	**Sonnenaufgang** (m)	['zɔnən͵ʔaʊfgaŋ]
amanecer (m)	**Morgendämmerung** (f)	['mɔʁgən͵dɛmərʊŋ]
madrugada (f)	**früher Morgen** (m)	['fʁy:ɐ 'mɔʁgən]
puesta (f) del sol	**Sonnenuntergang** (m)	['zɔnən͵ʔʊntəgaŋ]

de madrugada	**früh am Morgen**	[fʁy: am 'mɔʁgən]
esta mañana	**heute morgen**	['hɔɪtə 'mɔʁgən]
mañana por la mañana	**morgen früh**	['mɔʁgən fʁy:]

esta tarde	**heute Mittag**	['hɔɪtə 'mɪta:k]
por la tarde	**nachmittags**	['na:χmɪ͵ta:ks]
mañana por la tarde	**morgen Nachmittag**	['mɔʁgən 'na:χmɪ͵ta:k]

| esta noche (p.ej. 8:00 p.m.) | **heute Abend** | ['hɔɪtə 'a:bənt] |
| mañana por la noche | **morgen Abend** | ['mɔʁgən 'a:bənt] |

a las tres en punto	**Punkt drei Uhr**	[pʊŋkt dʁaɪ u:ɐ]
a eso de las cuatro	**gegen vier Uhr**	['ge:gn fi:ɐ u:ɐ]
para las doce	**um zwölf Uhr**	[ʊm tsvœlf u:ɐ]

dentro de veinte minutos	**in zwanzig Minuten**	[ɪn 'tsvantsɪç mi'nu:tən]
dentro de una hora	**in einer Stunde**	[ɪn 'aɪnɐ 'ʃtʊndə]
a tiempo (adv)	**rechtzeitig**	['ʁɛçt͵tsaɪtɪç]

… menos cuarto	**Viertel vor …**	['fɪʁtəl fo:ɐ]
durante una hora	**innerhalb einer Stunde**	['ɪnɐhalp 'aɪnɐ 'ʃtʊndə]
cada quince minutos	**alle fünfzehn Minuten**	['alə 'fʏnftse:n mi'nu:tən]
día y noche	**Tag und Nacht**	['ta:k ʊnt 'naχt]

19. Los meses. Las estaciones

enero (m)	**Januar** (m)	['janua:ɐ]
febrero (m)	**Februar** (m)	['fe:bʁua:ɐ]
marzo (m)	**März** (m)	[mɛʁts]
abril (m)	**April** (m)	[a'pʁɪl]
mayo (m)	**Mai** (m)	[maɪ]

junio (m)	**Juni** (m)	['ju:ni]
julio (m)	**Juli** (m)	['ju:li]
agosto (m)	**August** (m)	[au'gʊst]
septiembre (m)	**September** (m)	[zɛp'tɛmbɐ]
octubre (m)	**Oktober** (m)	[ɔk'to:bɐ]
noviembre (m)	**November** (m)	[no'vɛmbɐ]
diciembre (m)	**Dezember** (m)	[de'tsɛmbɐ]
primavera (f)	**Frühling** (m)	['fʀy:lɪŋ]
en primavera	**im Frühling**	[ɪm 'fʀy:lɪŋ]
de primavera (adj)	**Frühlings-**	['fʀy:lɪŋs]
verano (m)	**Sommer** (m)	['zɔmɐ]
en verano	**im Sommer**	[ɪm 'zɔmɐ]
de verano (adj)	**Sommer-**	['zɔmɐ]
otoño (m)	**Herbst** (m)	[hɛʁpst]
en otoño	**im Herbst**	[ɪm hɛʁpst]
de otoño (adj)	**Herbst-**	[hɛʁpst]
invierno (m)	**Winter** (m)	['vɪntɐ]
en invierno	**im Winter**	[ɪm 'vɪntɐ]
de invierno (adj)	**Winter-**	['vɪntɐ]
mes (m)	**Monat** (m)	['mo:nat]
este mes	**in diesem Monat**	[ɪn 'di:zəm 'mo:nat]
al mes siguiente	**nächsten Monat**	['nɛ:çstən 'mo:nat]
el mes pasado	**letzten Monat**	['lɛtstən 'mo:nat]
hace un mes	**vor einem Monat**	[fo:ɐ 'aɪnəm 'mo:nat]
dentro de un mes	**über eine Monat**	['y:bɐ 'aɪnə 'mo:nat]
dentro de dos meses	**in zwei Monaten**	[ɪn tsvaɪ 'mo:natən]
todo el mes	**einen ganzen Monat**	['aɪnən 'gantsən 'mo:nat]
todo un mes	**den ganzen Monat**	[de:n 'gantsən 'mo:nat]
mensual (adj)	**monatlich**	['mo:natlɪç]
mensualmente (adv)	**monatlich**	['mo:natlɪç]
cada mes	**jeden Monat**	['je:dən 'mo:nat]
dos veces por mes	**zweimal pro Monat**	['tsvaɪma:l pʀɔ 'mo:nat]
año (m)	**Jahr** (n)	[ja:ɐ]
este año	**dieses Jahr**	['di:zəs ja:ɐ]
el próximo año	**nächstes Jahr**	['nɛ:çstəs ja:ɐ]
el año pasado	**voriges Jahr**	['fo:ʀɪgəs ja:ɐ]
hace un año	**vor einem Jahr**	[fo:ɐ 'aɪnəm ja:ɐ]
dentro de un año	**in einem Jahr**	[ɪn 'aɪnəm ja:ɐ]
dentro de dos años	**in zwei Jahren**	[ɪn tsvaɪ 'ja:ʀən]
todo el año	**ein ganzes Jahr**	[aɪn 'gantsəs ja:ɐ]
todo un año	**das ganze Jahr**	[das 'gantsə ja:ɐ]
cada año	**jedes Jahr**	['je:dəs ja:ɐ]
anual (adj)	**jährlich**	['jɛ:ɐlɪç]

anualmente (adv)	**jährlich**	['jɛːɐlɪç]
cuatro veces por año	**viermal pro Jahr**	['fiːɐmaːl pʀɔ jaːɐ]
fecha (f) (la ~ de hoy es …)	**Datum** (n)	['daːtʊm]
fecha (f) (~ de entrega)	**Datum** (n)	['daːtʊm]
calendario (m)	**Kalender** (m)	[ka'lɛndɐ]
medio año (m)	**ein halbes Jahr**	[aɪn 'halbəs jaːɐ]
seis meses	**Halbjahr** (n)	['halpˌjaːɐ]
estación (f)	**Saison** (f)	[zɛ'zɔŋ]
siglo (m)	**Jahrhundert** (n)	[jaːɐ'hʊndɐt]

EL VIAJE. EL HOTEL

USD CAD
EUR CHF
JPY HKD
GBP CNY

RECEPTION

T&P Books Publishing

20. Las vacaciones. El viaje

turismo (m)	**Tourismus** (m)	[tu'ʀɪsmʊs]
turista (m)	**Tourist** (m)	[tu'ʀɪst]
viaje (m)	**Reise** (f)	['ʀaɪzə]
aventura (f)	**Abenteuer** (n)	['a:bəntɔɪɐ]
viaje (m) (p.ej. ~ en coche)	**Fahrt** (f)	[fa:ɐt]

vacaciones (f pl)	**Urlaub** (m)	['u:ɐ̯ˌlaʊp]
estar de vacaciones	**auf Urlaub sein**	[aʊf 'u:ɐ̯ˌlaʊp zaɪn]
descanso (m)	**Erholung** (f)	[ɛɐ'ho:lʊŋ]

tren (m)	**Zug** (m)	[tsu:k]
en tren	**mit dem Zug**	[mɪt dem tsu:k]
avión (m)	**Flugzeug** (n)	['flu:kˌtsɔɪk]
en avión	**mit dem Flugzeug**	[mɪt dem 'flu:kˌtsɔɪk]
en coche	**mit dem Auto**	[mɪt dem 'aʊto]
en barco	**mit dem Schiff**	[mɪt dem ʃɪf]

equipaje (m)	**Gepäck** (n)	[gə'pɛk]
maleta (f)	**Koffer** (m)	['kɔfɐ]
carrito (m) de equipaje	**Gepäckwagen** (m)	[gə'pɛkˌva:gən]
pasaporte (m)	**Pass** (m)	[pas]
visado (m)	**Visum** (n)	['vi:zʊm]
billete (m)	**Fahrkarte** (f)	['fa:ɐ̯ˌkaɐtə]
billete (m) de avión	**Flugticket** (n)	['flu:kˌtɪkət]

guía (f) (libro)	**Reiseführer** (m)	['ʀaɪzəˌfy:ʀɐ]
mapa (m)	**Landkarte** (f)	['lantˌkaɐtə]
área (f) (~ rural)	**Gegend** (f)	['ge:gənt]
lugar (m)	**Ort** (m)	[ɔɐt]

exotismo (m)	**Exotika** (pl)	[ɛ'kso:tika]
exótico (adj)	**exotisch**	[ɛ'kso:tɪʃ]
asombroso (adj)	**erstaunlich**	[ɛɐ̯'ʃtaʊnlɪç]

grupo (m)	**Gruppe** (f)	['gʀʊpə]
excursión (f)	**Ausflug** (m)	['aʊsˌflu:k]
guía (m) (persona)	**Reiseleiter** (m)	['ʀaɪzəˌlaɪtɐ]

21. El hotel

hotel (m)	**Hotel** (n)	[ho'tɛl]
motel (m)	**Motel** (n)	[mo'tɛl]

de tres estrellas	drei Sterne	[dʀaɪ 'ʃtɛʀnə]
de cinco estrellas	fünf Sterne	[fʏnf 'ʃtɛʀnə]
hospedarse (vr)	absteigen (vi)	['apʃtaɪgən]

habitación (f)	Hotelzimmer (n)	[ho'tɛl‚tsɪmɐ]
habitación (f) individual	Einzelzimmer (n)	['aɪntsəl‚tsɪmɐ]
habitación (f) doble	Zweibettzimmer (n)	['tsvaɪbɛt‚tsɪmɐ]
reservar una habitación	reservieren (vt)	[ʀezɛʀ'viːʀən]

| media pensión (f) | Halbpension (f) | ['halp·pan‚zjoːn] |
| pensión (f) completa | Vollpension (f) | ['fɔl·pan‚zjoːn] |

con baño	mit Bad	[mɪt 'baːt]
con ducha	mit Dusche	[mɪt 'duːʃə]
televisión (f) satélite	Satellitenfernsehen (n)	[zatɛ'liːtən‚fɛʀnzeːən]
climatizador (m)	Klimaanlage (f)	['kliːma‚ʔanlaːgə]
toalla (f)	Handtuch (n)	['hant‚tuːx]
llave (f)	Schlüssel (m)	['ʃlʏsəl]

administrador (m)	Verwalter (m)	[fɛʀ'valtɐ]
camarera (f)	Zimmermädchen (n)	['tsɪmɐ‚mɛːtçən]
maletero (m)	Träger (m)	['tʀɛːgɐ]
portero (m)	Portier (m)	[pɔʀ'tɪeː]

restaurante (m)	Restaurant (n)	[ʀɛsto'ʀaŋ]
bar (m)	Bar (f)	[baːɐ]
desayuno (m)	Frühstück (n)	['fʀyːʃtʏk]
cena (f)	Abendessen (n)	['aːbənt‚ʔɛsən]
buffet (m) libre	Buffet (n)	[bʏ'feː]

| vestíbulo (m) | Foyer (n) | [foa'jeː] |
| ascensor (m) | Aufzug (m), Fahrstuhl (m) | ['aʊf‚tsuːk], ['faːɐ‚ʃtuːl] |

| NO MOLESTAR | BITTE NICHT STÖREN! | ['bɪtə nɪçt 'ʃtøːʀən] |
| PROHIBIDO FUMAR | RAUCHEN VERBOTEN! | ['ʀaʊxən fɛɐ'boːtən] |

22. El turismo. La excursión

monumento (m)	Denkmal (n)	['dɛŋk‚maːl]
fortaleza (f)	Festung (f)	['fɛstʊŋ]
palacio (m)	Palast (m)	[pa'last]
castillo (m)	Schloss (n)	[ʃlɔs]
torre (f)	Turm (m)	[tʊʀm]
mausoleo (m)	Mausoleum (n)	[‚maʊzo'leːʊm]

arquitectura (f)	Architektur (f)	[aʀçitɛk'tuːɐ]
medieval (adj)	mittelalterlich	['mɪtəl‚ʔaltɐlɪç]
antiguo (adj)	alt	[alt]
nacional (adj)	national	[natsjo'naːl]
conocido (adj)	berühmt	[bə'ʀyːmt]

turista (m)	**Tourist** (m)	[tuˈʀɪst]
guía (m) (persona)	**Fremdenführer** (m)	[ˈfʀɛmdənˌfyːʀɐ]
excursión (f)	**Ausflug** (m)	[ˈaʊsˌfluːk]
mostrar (vt)	**zeigen** (vt)	[ˈtsaɪɡən]
contar (una historia)	**erzählen** (vt)	[ɛɐˈtsɛːlən]
encontrar (hallar)	**finden** (vt)	[ˈfɪndən]
perderse (vr)	**sich verlieren**	[zɪç fɛɐˈliːbən]
plano (m) (~ de metro)	**Karte** (f)	[ˈkaʁtə]
mapa (m) (~ de la ciudad)	**Karte** (f)	[ˈkaʁtə]
recuerdo (m)	**Souvenir** (n)	[zuvəˌniːɐ]
tienda (f) de regalos	**Souvenirladen** (m)	[zuvəˌniːɐˈlaːdən]
hacer fotos	**fotografieren** (vt)	[fotoɡʀaˈfiːʀən]
fotografiarse (vr)	**sich fotografieren**	[zɪç fotoɡʀaˈfiːʀən]

EL TRANSPORTE

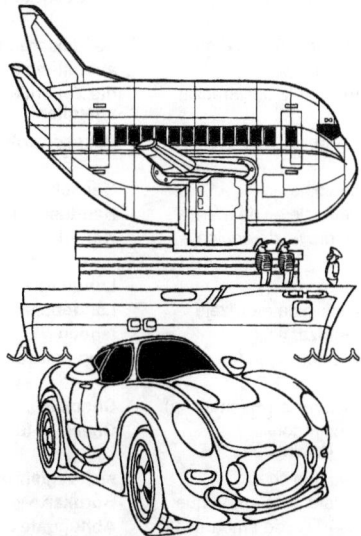

T&P Books Publishing

23. El aeropuerto

aeropuerto (m)	Flughafen (m)	['flu:k‚ha:fən]
avión (m)	Flugzeug (n)	['flu:k‚tsɔɪk]
compañía (f) aérea	Fluggesellschaft (f)	['flu:kgə‚zɛlʃaft]
controlador (m) aéreo	Fluglotse (m)	['flu:k‚lo:tsə]

despegue (m)	Abflug (m)	['ap‚flu:k]
llegada (f)	Ankunft (f)	['ankʊnft]
llegar (en avión)	anfliegen (vi)	['an‚fli:gən]

| hora (f) de salida | Abflugzeit (f) | ['apflu:k‚tsaɪt] |
| hora (f) de llegada | Ankunftszeit (f) | ['ankʊnfts‚tsaɪt] |

| retrasarse (vr) | sich verspäten | [zɪç fɛɐ'ʃpɛ:tən] |
| retraso (m) de vuelo | Abflugverspätung (f) | ['apflu:k·fɛɐ'ʃpɛ:tʊŋ] |

pantalla (f) de información	Anzeigetafel (f)	['antsaɪgə‚ta:fəl]
información (f)	Information (f)	[ɪnfɔʁma'tsjo:n]
anunciar (vt)	ankündigen (vt)	['ankʏndɪgən]
vuelo (m)	Flug (m)	[flu:k]

| aduana (f) | Zollamt (n) | ['tsɔl‚ʔamt] |
| aduanero (m) | Zollbeamter (m) | ['tsɔl·bə‚ʔamtɐ] |

declaración (f) de aduana	Zolldeklaration (f)	['tsɔl·deklaʁa'tsjo:n]
rellenar (vt)	ausfüllen (vt)	['aʊs‚fʏlən]
rellenar la declaración	die Zollerklärung ausfüllen	[di 'tsɔl·ɛɐ'klɛ:ʁʊŋ 'aʊs‚fʏlən]
control (m) de pasaportes	Passkontrolle (f)	['pas·kɔn‚tʁɔlə]

equipaje (m)	Gepäck (n)	[gə'pɛk]
equipaje (m) de mano	Handgepäck (n)	['hant·gə‚pɛk]
carrito (m) de equipaje	Kofferkuli (m)	['kɔfɐ‚ku:li]

aterrizaje (m)	Landung (f)	['landʊŋ]
pista (f) de aterrizaje	Landebahn (f)	['landə‚ba:n]
aterrizar (vi)	landen (vi)	['landən]
escaleras (f pl) (de avión)	Fluggasttreppe (f)	['flu:kgast‚tʁɛpə]

facturación (f) (check-in)	Check-in (n)	[tʃɛk?in]
mostrador (m) de facturación	Check-in-Schalter (m)	[tʃɛk?in 'ʃaltɐ]
hacer el check-in	sich registrieren lassen	[zɪç ʁegɪs'tʁi:ʁən 'lasən]
tarjeta (f) de embarque	Bordkarte (f)	['bɔʁt‚kaʁtə]
puerta (f) de embarque	Abfluggate (n)	['apflu:k‚geɪt]

tránsito (m)	**Transit** (m)	[tʀan'zi:t]
esperar (aguardar)	**warten** (vi)	['vaʀtən]
zona (f) de preembarque	**Wartesaal** (m)	['vaʀtə͵za:l]
despedir (vt)	**begleiten** (vt)	[bə'glaɪtən]
despedirse (vr)	**sich verabschieden**	[zɪç fɛɐ'apʃi:dən]

24. El avión

avión (m)	**Flugzeug** (n)	['flu:k͵tsɔɪk]
billete (m) de avión	**Flugticket** (n)	['flu:k͵tɪkət]
compañía (f) aérea	**Fluggesellschaft** (f)	['flu:kgə͵zɛlʃaft]
aeropuerto (m)	**Flughafen** (m)	['flu:k͵ha:fən]
supersónico (adj)	**Überschall-**	['y:bəʃal]

comandante (m)	**Flugkapitän** (m)	['flu:k·kapi͵tɛ:n]
tripulación (f)	**Besatzung** (f)	[bə'zatsʊŋ]
piloto (m)	**Pilot** (m)	[pi'lo:t]
azafata (f)	**Flugbegleiterin** (f)	['flu:k·bə͵glaɪtəʀɪn]
navegador (m)	**Steuermann** (m)	['ʃtɔɪə͵man]

alas (f pl)	**Flügel** (pl)	['fly:gəl]
cola (f)	**Schwanz** (m)	[ʃvants]
cabina (f)	**Kabine** (f)	[ka'bi:nə]
motor (m)	**Motor** (m)	['mo:to:ɐ]
tren (m) de aterrizaje	**Fahrgestell** (n)	['fa:ɐ·gə͵ʃtɛl]
turbina (f)	**Turbine** (f)	[tʊɐ'bi:nə]

hélice (f)	**Propeller** (m)	[pʀo'pɛlɐ]
caja (f) negra	**Flugschreiber** (m)	['flu:kʃʀaɪbɐ]
timón (m)	**Steuerrad** (n)	['ʃtɔɪə͵ʀa:t]
combustible (m)	**Treibstoff** (m)	['tʀaɪpʃtɔf]

instructivo (m) de seguridad	**Sicherheitskarte** (f)	['zɪçəhaɪts͵kaʀtə]
respirador (m) de oxígeno	**Sauerstoffmaske** (f)	['zaʊɐʃtɔf͵maskə]
uniforme (m)	**Uniform** (f)	['ʊni͵fɔʀm]
chaleco (m) salvavidas	**Rettungsweste** (f)	['ʀɛtʊŋs͵vɛstə]
paracaídas (m)	**Fallschirm** (m)	['falʃɪʀm]

despegue (m)	**Abflug, Start** (m)	['ap͵flu:k], [ʃtaʀt]
despegar (vi)	**starten** (vi)	['ʃtaʀtən]
pista (f) de despegue	**Startbahn** (f)	['ʃtaʀtba:n]

visibilidad (f)	**Sicht** (f)	[zɪçt]
vuelo (m)	**Flug** (m)	[flu:k]
altura (f)	**Höhe** (f)	['hø:ə]
pozo (m) de aire	**Luftloch** (n)	['lʊft͵lɔχ]

asiento (m)	**Platz** (m)	[plats]
auriculares (m pl)	**Kopfhörer** (m)	['kɔpf͵hø:ʀɐ]
mesita (f) plegable	**Klapptisch** (m)	['klap͵tɪʃ]

| ventana (f) | Bullauge (n) | ['bʊlˌʔaʊɡə] |
| pasillo (m) | Durchgang (m) | ['dʊʁçˌɡaŋ] |

25. El tren

tren (m)	Zug (m)	[tsu:k]
tren (m) de cercanías	elektrischer Zug (m)	[eˈlɛktrɪʃə tsu:k]
tren (m) rápido	Schnellzug (m)	['ʃnɛlˌtsu:k]
locomotora (f) diésel	Diesellok (f)	['di:zəlˌlɔk]
tren (m) de vapor	Dampflok (f)	['dampfˌlɔk]

| coche (m) | Personenwagen (m) | [pɛʁˈzo:nənˌva:ɡən] |
| coche (m) restaurante | Speisewagen (m) | ['ʃpaɪzəˌva:ɡən] |

rieles (m pl)	Schienen (pl)	['ʃi:nən]
ferrocarril (m)	Eisenbahn (f)	['aɪzənˌba:n]
traviesa (f)	Bahnschwelle (f)	['ba:nˌʃvɛlə]

plataforma (f)	Bahnsteig (m)	['ba:nˌʃtaɪk]
vía (f)	Gleis (n)	['ɡlaɪs]
semáforo (m)	Eisenbahnsignal (n)	['aɪzənba:n·zɪ'gna:l]
estación (f)	Station (f)	[ʃtaˈtsjo:n]

maquinista (m)	Lokführer (m)	['lɔkˌfy:ʁɐ]
maletero (m)	Träger (m)	['tʁɛ:ɡɐ]
mozo (m) del vagón	Schaffner (m)	['ʃafnɐ]
pasajero (m)	Fahrgast (m)	['fa:ɐˌgast]
revisor (m)	Kontrolleur (m)	[kɔntʁɔˈlø:ɐ]

| corredor (m) | Flur (m) | [flu:ɐ] |
| freno (m) de urgencia | Notbremse (f) | ['no:tˌbʁɛmzə] |

compartimiento (m)	Abteil (n)	[ap'taɪl]
litera (f)	Liegeplatz (m), Schlafkoje (f)	['li:ɡəˌplats], ['ʃla:fˌko:jə]
litera (f) de arriba	oberer Liegeplatz (m)	['o:bɐrɐ 'li:ɡəˌplats]
litera (f) de abajo	unterer Liegeplatz (m)	['ʊntɐrɐ 'li:ɡəˌplats]
ropa (f) de cama	Bettwäsche (f)	['bɛtˌvɛʃə]

billete (m)	Fahrkarte (f)	['fa:ɐˌkaʁtə]
horario (m)	Fahrplan (m)	['fa:ɐˌpla:n]
pantalla (f) de información	Anzeigetafel (f)	['antsaɪɡəˌta:fəl]

partir (vi)	abfahren (vi)	['apˌfa:ʁən]
partida (f) (del tren)	Abfahrt (f)	['apˌfa:ɐt]
llegar (tren)	ankommen (vi)	['anˌkɔmən]
llegada (f)	Ankunft (f)	['ankʊnft]

| llegar en tren | mit dem Zug kommen | [mɪt dem tsu:k 'kɔmən] |
| tomar el tren | in den Zug einsteigen | [ɪn den tsu:k 'aɪnˌʃtaɪɡən] |

bajar del tren	**aus dem Zug aussteigen**	['aʊs dem tsu:k 'aʊsˌʃtaɪɡən]
descarrilamiento (m)	**Zugunglück** (n)	['tsu:k?ʊnˌɡlʏk]
descarrilarse (vr)	**entgleisen** (vi)	[ɛnt'ɡlaɪzən]

tren (m) de vapor	**Dampflok** (f)	['dampfˌlɔk]
fogonero (m)	**Heizer** (m)	['haɪtsɐ]
hogar (m)	**Feuerbuchse** (f)	['fɔɪɐˌbʊksə]
carbón (m)	**Kohle** (f)	['ko:lə]

26. El barco

barco, buque (m)	**Schiff** (n)	[ʃɪf]
navío (m)	**Fahrzeug** (n)	['fa:ɐˌtsɔɪk]

buque (m) de vapor	**Dampfer** (m)	['dampfɐ]
motonave (f)	**Motorschiff** (n)	['mo:to:ɐˌʃɪf]
trasatlántico (m)	**Kreuzfahrtschiff** (n)	['krɔɪtsfa:ɐtˌʃɪf]
crucero (m)	**Kreuzer** (m)	['krɔɪtsɐ]

yate (m)	**Jacht** (f)	[jaxt]
remolcador (m)	**Schlepper** (m)	['ʃlɛpɐ]
barcaza (f)	**Lastkahn** (m)	[lastˌka:n]
ferry (m)	**Fähre** (f)	['fɛ:rə]

velero (m)	**Segelschiff** (n)	['ze:ɡəlˌʃɪf]
bergantín (m)	**Brigantine** (f)	[brɪɡan'ti:nə]

rompehielos (m)	**Eisbrecher** (m)	['aɪsˌbrɛçɐ]
submarino (m)	**U-Boot** (n)	['u:bo:t]

bote (m) de remo	**Boot** (n)	['bo:t]
bote (m)	**Dingi** (n)	['dɪŋɡi]
bote (m) salvavidas	**Rettungsboot** (n)	['rɛtʊŋsˌbo:t]
lancha (f) motora	**Motorboot** (n)	['mo:to:ɐˌbo:t]

capitán (m)	**Kapitän** (m)	[kapi'tɛn]
marinero (m)	**Matrose** (m)	[ma'tro:zə]
marino (m)	**Seemann** (m)	['ze:man]
tripulación (f)	**Besatzung** (f)	[bə'zatsʊŋ]

contramaestre (m)	**Bootsmann** (m)	['bo:tsman]
grumete (m)	**Schiffsjunge** (m)	['ʃɪfsˌjʊŋə]
cocinero (m) de abordo	**Schiffskoch** (m)	['ʃɪfsˌkɔx]
médico (m) del buque	**Schiffsarzt** (m)	['ʃɪfsˌ?aʁtst]

cubierta (f)	**Deck** (n)	[dɛk]
mástil (m)	**Mast** (m)	[mast]
vela (f)	**Segel** (n)	[ze:ɡəl]
bodega (f)	**Schiffsraum** (m)	['ʃɪfsˌraʊm]

proa (f)	**Bug** (m)	[buːk]
popa (f)	**Heck** (n)	[hɛk]
remo (m)	**Ruder** (n)	[ˈʀuːdɐ]
hélice (f)	**Schraube** (f)	[ˈʃʀaʊbə]

camarote (m)	**Kajüte** (f)	[kaˈjyːtə]
sala (f) de oficiales	**Messe** (f)	[ˈmɛsə]
sala (f) de máquinas	**Maschinenraum** (m)	[maˈʃiːnənˌʀaʊm]
puente (m) de mando	**Brücke** (f)	[ˈbʀʏkə]
sala (f) de radio	**Funkraum** (m)	[ˈfʊŋkˌʀaʊm]
onda (f)	**Radiowelle** (f)	[ˈʀaːdɪoˌvɛlə]
cuaderno (m) de bitácora	**Schiffstagebuch** (n)	[ˈʃɪfsˌtaːgəbuːχ]

anteojo (m)	**Fernrohr** (n)	[ˈfɛʀnˌʀoːɐ]
campana (f)	**Glocke** (f)	[ˈglɔkə]
bandera (f)	**Fahne** (f)	[ˈfaːnə]

| cabo (m) (maroma) | **Seil** (n) | [zaɪl] |
| nudo (m) | **Knoten** (m) | [ˈknoːtən] |

| pasamano (m) | **Geländer** (n) | [gəˈlɛndɐ] |
| pasarela (f) | **Treppe** (f) | [ˈtʀɛpə] |

ancla (f)	**Anker** (m)	[ˈaŋkɐ]
levar ancla	**den Anker lichten**	[den ˈaŋkɐ ˈlɪçtən]
echar ancla	**Anker werfen**	[ˈaŋkɐ ˌvɛʀfən]
cadena (f) del ancla	**Ankerkette** (f)	[ˈankɐˌkɛtə]

puerto (m)	**Hafen** (m)	[ˈhaːfən]
embarcadero (m)	**Anlegestelle** (f)	[ˈanleːgəˌʃtɛlə]
amarrar (vt)	**anlegen** (vi)	[ˈanˌleːgən]
desamarrar (vt)	**abstoßen** (vt)	[ˈapˌʃtoːsən]

viaje (m)	**Reise** (f)	[ˈʀaɪzə]
crucero (m) (viaje)	**Kreuzfahrt** (f)	[ˈkʀɔɪtsˌfaːɐt]
derrota (f) (rumbo)	**Kurs** (m)	[kʊʀs]
itinerario (m)	**Reiseroute** (f)	[ˈʀaɪzəˌʀuːtə]

canal (m) navegable	**Fahrwasser** (n)	[ˈfaːɐˌvasɐ]
bajío (m)	**Untiefe** (f)	[ˈʊnˌtiːfə]
encallar (vi)	**stranden** (vi)	[ˈʃtʀandən]

tempestad (f)	**Sturm** (m)	[ʃtʊʀm]
señal (f)	**Signal** (n)	[zɪˈgnaːl]
hundirse (vr)	**untergehen** (vi)	[ˈʊntɐˌgeːən]
¡Hombre al agua!	**Mann über Bord!**	[man ˈyːbɐ bɔʀt]
SOS	**SOS**	[ɛsoːˈʔɛs]
aro (m) salvavidas	**Rettungsring** (m)	[ˈʀɛtʊŋsˌʀɪŋ]

LA CIUDAD

T&P Books Publishing

autobús (m)	Bus (m)	[bʊs]
tranvía (m)	Straßenbahn (f)	[ˈʃtʀaːsənˌbaːn]
trolebús (m)	Obus (m)	[ˈoːbʊs]
itinerario (m)	Linie (f)	[ˈliːniə]
número (m)	Nummer (f)	[ˈnʊmɐ]

ir en ...	mit ... fahren	[mɪt ... ˈfaːʀən]
tomar (~ el autobús)	einsteigen (vi)	[ˈaɪnˌʃtaɪɡən]
bajar (~ del tren)	aussteigen (vi)	[ˈaʊsˌʃtaɪɡən]

parada (f)	Haltestelle (f)	[ˈhaltəˌʃtɛlə]
próxima parada (f)	nächste Haltestelle (f)	[ˈnɛːçstə ˈhaltəˌʃtɛlə]
parada (f) final	Endhaltestelle (f)	[ˈɛntˌhaltəʃtɛlə]
horario (m)	Fahrplan (m)	[ˈfaːɐˌplaːn]
esperar (aguardar)	warten (vi, vt)	[ˈvaʀtən]

| billete (m) | Fahrkarte (f) | [ˈfaːɐˌkaʀtə] |
| precio (m) del billete | Fahrpreis (m) | [ˈfaːɐˌpʀaɪs] |

cajero (m)	Kassierer (m)	[kaˈsiːʀɐ]
control (m) de billetes	Fahrkartenkontrolle (f)	[ˈfaːɐˌkaʀtən·kɔnˈtʀɔlə]
revisor (m)	Kontrolleur (m)	[kɔntʀɔˈløːɐ]

llegar tarde (vi)	sich verspäten	[zɪç fɛɐˈʃpɛːtən]
perder (~ el tren)	versäumen (vt)	[fɛɐˈzɔɪmən]
tener prisa	sich beeilen	[zɪç bəˈʔaɪlən]

taxi (m)	Taxi (n)	[ˈtaksi]
taxista (m)	Taxifahrer (m)	[ˈtaksiˌfaːʀɐ]
en taxi	mit dem Taxi	[mɪt dem ˈtaksi]
parada (f) de taxi	Taxistand (m)	[ˈtaksiˌʃtant]
llamar un taxi	ein Taxi rufen	[aɪn ˈtaksi ˈʀuːfən]
tomar un taxi	ein Taxi nehmen	[aɪn ˈtaksi ˈneːmən]

tráfico (m)	Straßenverkehr (m)	[ˈʃtʀaːsən·fɛɐˌkeːɐ]
atasco (m)	Stau (m)	[ʃtaʊ]
horas (f pl) de punta	Hauptverkehrszeit (f)	[ˈhaʊpt·fɛɐˈkeːɐsˌtsaɪt]
aparcar (vi)	parken (vi)	[ˈpaʀkən]
aparcar (vt)	parken (vt)	[ˈpaʀkən]
aparcamiento (m)	Parkplatz (m)	[ˈpaʀkˌplats]

metro (m)	U-Bahn (f)	[ˈuːbaːn]
estación (f)	Station (f)	[ʃtaˈtsjoːn]
ir en el metro	mit der U-Bahn fahren	[mɪt deːɐ ˈuːbaːn ˈfaːʀən]

| tren (m) | Zug (m) | [tsu:k] |
| estación (f) | Bahnhof (m) | ['ba:n͵ho:f] |

28. La ciudad. La vida en la ciudad

ciudad (f)	Stadt (f)	[ʃtat]
capital (f)	Hauptstadt (f)	['haʊptʃtat]
aldea (f)	Dorf (n)	[dɔʁf]

plano (m) de la ciudad	Stadtplan (m)	['ʃtat͵plaːn]
centro (m) de la ciudad	Stadtzentrum (n)	['ʃtat͵tsɛntʁʊm]
suburbio (m)	Vorort (m)	['foːɐ͵ʔɔʁt]
suburbano (adj)	Vorort-	['foːɐ͵ʔɔʁt]

arrabal (m)	Stadtrand (m)	['ʃtat͵ʁant]
afueras (f pl)	Umgebung (f)	[ʊm'geːbʊŋ]
barrio (m)	Stadtviertel (n)	['ʃtat͵fɪʁtəl]
zona (f) de viviendas	Wohnblock (m)	['voːn͵blɔk]

tráfico (m)	Straßenverkehr (m)	['ʃtʁaːsən·fɛɐ͵keːɐ]
semáforo (m)	Ampel (f)	['ampəl]
transporte (m) urbano	Stadtverkehr (m)	['ʃtat·fɛɐ'keːɐ]
cruce (m)	Straßenkreuzung (f)	['ʃtʁaːsən͵kʁɔɪtsʊŋ]

paso (m) de peatones	Übergang (m)	['yːbɐ͵ɡaŋ]
paso (m) subterráneo	Fußgängerunterführung (f)	['fuːs͵ɡɛŋɐ·ʊntɐ'fyːʁʊŋ]
cruzar (vt)	überqueren (vt)	[yːbɐ'kveːʁən]
peatón (m)	Fußgänger (m)	['fuːs͵ɡɛŋɐ]
acera (f)	Gehweg (m)	['ɡeː͵veːk]

puente (m)	Brücke (f)	['bʁʏkə]
muelle (m)	Kai (m)	[kaɪ]
fuente (f)	Springbrunnen (m)	['ʃpʁɪŋ͵bʁʊnən]

alameda (f)	Allee (f)	[a'leː]
parque (m)	Park (m)	[paʁk]
bulevar (m)	Boulevard (m)	[bulə'vaːɐ]
plaza (f)	Platz (m)	[plats]
avenida (f)	Avenue (f)	[avə'nyː]
calle (f)	Straße (f)	['ʃtʁaːsə]
callejón (m)	Gasse (f)	['ɡasə]
callejón (m) sin salida	Sackgasse (f)	['zak͵ɡasə]

casa (f)	Haus (n)	[haʊs]
edificio (m)	Gebäude (n)	[ɡə'bɔɪdə]
rascacielos (m)	Wolkenkratzer (m)	['vɔlkən͵kʁatsɐ]

fachada (f)	Fassade (f)	[fa'saːdə]
techo (m)	Dach (n)	[daχ]
ventana (f)	Fenster (n)	['fɛnstɐ]

arco (m)	**Bogen** (m)	['bo:gən]
columna (f)	**Säule** (f)	['zɔɪlə]
esquina (f)	**Ecke** (f)	['ɛkə]

escaparate (f)	**Schaufenster** (n)	['ʃau̯ˌfɛnstə]
letrero (m) (~ luminoso)	**Firmenschild** (n)	['fɪʁmənˌʃɪlt]
cartel (m)	**Anschlag** (m)	['anˌʃlaːk]
cartel (m) publicitario	**Werbeposter** (m)	['vɛʁbəˌpoːstə]
valla (f) publicitaria	**Werbeschild** (n)	['vɛʁbəˌʃɪlt]

basura (f)	**Müll** (m)	[mʏl]
cajón (m) de basura	**Mülleimer** (m)	['mʏlˌʔaɪmə]
tirar basura	**Abfall wegwerfen**	['apfal 'vɛkˌvɛʁfən]
basurero (m)	**Mülldeponie** (f)	['mʏlˌdepoˌniː]

cabina (f) telefónica	**Telefonzelle** (f)	[teleˈfoːnˌtsɛlə]
farola (f)	**Straßenlaterne** (f)	['ʃtʁaːsənˌlaˌtɛʁnə]
banco (m) (del parque)	**Bank** (f)	[baŋk]

policía (m)	**Polizist** (m)	[poliˈtsɪst]
policía (f) (~ nacional)	**Polizei** (f)	[ˌpoliˈtsaɪ]
mendigo (m)	**Bettler** (m)	['bɛtlə]
persona (f) sin hogar	**Obdachlose** (m)	['ɔpdaxˌloːzə]

29. Las instituciones urbanas

tienda (f)	**Laden** (m)	['laːdən]
farmacia (f)	**Apotheke** (f)	[apoˈteːkə]
óptica (f)	**Optik** (f)	['ɔptɪk]
centro (m) comercial	**Einkaufszentrum** (n)	['aɪnkau̯fsˌtsɛntʁʊm]
supermercado (m)	**Supermarkt** (m)	['zuːpəˌmaʁkt]

panadería (f)	**Bäckerei** (f)	[ˌbɛkəˈʁaɪ]
panadero (m)	**Bäcker** (m)	['bɛkə]
pastelería (f)	**Konditorei** (f)	[ˌkondiˈtoˈʁaɪ]
tienda (f) de comestibles	**Lebensmittelladen** (m)	['leːbənsˌmɪtəlˌlaːdən]
carnicería (f)	**Metzgerei** (f)	[mɛtsgəˈʁaɪ]

| verdulería (f) | **Gemüseladen** (m) | [gəˈmyːzəˌlaːdən] |
| mercado (m) | **Markt** (m) | [maʁkt] |

cafetería (f)	**Kaffeehaus** (n)	[kaˈfeːˌhau̯s]
restaurante (m)	**Restaurant** (n)	[ʁɛstoˈʁaŋ]
cervecería (f)	**Bierstube** (f)	['biːɐ̯ˌʃtuːbə]
pizzería (f)	**Pizzeria** (f)	[pɪtseˈʁiːa]

peluquería (f)	**Friseursalon** (m)	[fʁiˈzøːɐ̯ˈzaˌlɔŋ]
oficina (f) de correos	**Post** (f)	[pɔst]
tintorería (f)	**chemische Reinigung** (f)	[çeˈmiʃə ˈʁaɪnɪgʊŋ]
estudio (m) fotográfico	**Fotostudio** (n)	['fotoˌʃtuːdɪo]

zapatería (f)	Schuhgeschäft (n)	['ʃuːgəʃɛft]
librería (f)	Buchhandlung (f)	['buːχˌhandlʊŋ]
tienda (f) deportiva	Sportgeschäft (n)	['ʃpɔʁt·gə'ʃɛft]

arreglos (m pl) de ropa	Kleiderreparatur (f)	['klaɪdəˌʁepaʁa'tuːɐ]
alquiler (m) de ropa	Bekleidungsverleih (m)	[bə'klaɪdʊŋs·fɛɐ'laɪ]
videoclub (m)	Videothek (f)	[video'teːk]

circo (m)	Zirkus (m)	['tsɪʁkʊs]
zoológico (m)	Zoo (m)	['tsoː]
cine (m)	Kino (n)	['kiːno]
museo (m)	Museum (n)	[mu'zeːʊm]
biblioteca (f)	Bibliothek (f)	[biblio'teːk]

teatro (m)	Theater (n)	[te'aːtɐ]
ópera (f)	Opernhaus (n)	['oːpɐnˌhaʊs]
club (m) nocturno	Nachtklub (m)	['naχtˌklʊp]
casino (m)	Kasino (n)	[ka'ziːno]

mezquita (f)	Moschee (f)	[mɔ'ʃeː]
sinagoga (f)	Synagoge (f)	[zyna'goːgə]
catedral (f)	Kathedrale (f)	[kate'dʀaːlə]
templo (m)	Tempel (m)	['tɛmpəl]
iglesia (f)	Kirche (f)	['kɪʁçə]

instituto (m)	Institut (n)	[ɪnsti'tuːt]
universidad (f)	Universität (f)	[univɛʁzi'tɛːt]
escuela (f)	Schule (f)	['ʃuːlə]

prefectura (f)	Präfektur (f)	[pʀɛfɛk'tuːɐ]
alcaldía (f)	Rathaus (n)	['ʀaːtˌhaʊs]
hotel (m)	Hotel (n)	[ho'tɛl]
banco (m)	Bank (f)	[baŋk]

embajada (f)	Botschaft (f)	['boːtʃaft]
agencia (f) de viajes	Reisebüro (n)	['ʀaɪzə·byˌʀoː]
oficina (f) de información	Informationsbüro (n)	[ɪnfɔʁma'tsjoːns·byˌʀoː]
oficina (f) de cambio	Wechselstube (f)	['vɛksəlˌʃtuːbə]

| metro (m) | U-Bahn (f) | ['uːbaːn] |
| hospital (m) | Krankenhaus (n) | ['kʀaŋkənˌhaʊs] |

| gasolinera (f) | Tankstelle (f) | ['taŋkˌʃtɛlə] |
| aparcamiento (m) | Parkplatz (m) | ['paʁkˌplats] |

30. Los avisos

letrero (m) (~ luminoso)	Firmenschild (n)	['fɪʁmənˌʃɪlt]
cartel (m) (texto escrito)	Aufschrift (f)	['aʊfˌʃʀɪft]
pancarta (f)	Plakat (n)	[pla'kaːt]

señal (m) de dirección	**Wegweiser** (m)	['vɛkˌvaɪzɐ]
flecha (f) (signo)	**Pfeil** (m)	[pfaɪl]
advertencia (f)	**Vorsicht** (f)	['foːɐˌzɪçt]
aviso (m)	**Warnung** (f)	['vaʁnʊŋ]
advertir (vt)	**warnen** (vt)	['vaʁnən]
día (m) de descanso	**freier Tag** (m)	['fʀaɪɐ taːk]
horario (m)	**Fahrplan** (m)	['faːɐˌplaːn]
horario (m) de apertura	**Öffnungszeiten** (pl)	['œfnʊŋsˌtsaɪtən]
¡BIENVENIDOS!	**HERZLICH WILLKOMMEN!**	['hɛʁtslɪç vɪl'komən]
ENTRADA	**EINGANG**	['aɪnˌgaŋ]
SALIDA	**AUSGANG**	['aʊsˌgaŋ]
EMPUJAR	**DRÜCKEN**	['dʀʏkən]
TIRAR	**ZIEHEN**	['tsiːən]
ABIERTO	**GEÖFFNET**	[gə'ʔœfnət]
CERRADO	**GESCHLOSSEN**	[gə'ʃlɔsən]
MUJERES	**DAMEN, FRAUEN**	['daːmən], ['fʀaʊən]
HOMBRES	**HERREN, MÄNNER**	['hɛʀən], ['mɛnɐ]
REBAJAS	**AUSVERKAUF**	['aʊsfɛɐˌkaʊf]
SALDOS	**REDUZIERT**	[ʀedu'tsiːɐt]
NOVEDAD	**NEU!**	[nɔɪ]
GRATIS	**GRATIS**	['gʀaːtɪs]
¡ATENCIÓN!	**ACHTUNG!**	['aχtʊŋ]
COMPLETO	**ZIMMER BELEGT**	['tsɪmɐ bə'leːkt]
RESERVADO	**RESERVIERT**	[ʀezɛɐ'viːɐt]
ADMINISTRACIÓN	**VERWALTUNG**	[fɛɐ'valtʊŋ]
SÓLO PERSONAL AUTORIZADO	**NUR FÜR PERSONAL**	[nuːɐ fyːɐ pɛʁzo'naːl]
CUIDADO CON EL PERRO	**VORSICHT BISSIGER HUND**	['foːɐˌzɪçt 'bɪsɪgɐ hʊnt]
PROHIBIDO FUMAR	**RAUCHEN VERBOTEN!**	['ʀaʊχən fɛɐ'boːtən]
NO TOCAR	**BITTE NICHT BERÜHREN**	['bɪtə nɪçt bə'ʀyːʀən]
PELIGROSO	**GEFÄHRLICH**	[gə'fɛːɐlɪç]
PELIGRO	**VORSICHT!**	['foːɐˌzɪçt]
ALTA TENSIÓN	**HOCHSPANNUNG**	['hoːχˌʃpanʊŋ]
PROHIBIDO BAÑARSE	**BADEN VERBOTEN**	['baːdən fɛɐ'boːtən]
NO FUNCIONA	**AUßER BETRIEB**	[ˌaʊsɐ bə'tʀiːp]
INFLAMABLE	**LEICHTENTZÜNDLICH**	['laɪçtʔɛn'tsʏntlɪç]
PROHIBIDO	**VERBOTEN**	[fɛɐ'boːtən]
PROHIBIDO EL PASO	**DURCHGANG VERBOTEN**	['dʊʁçˌgaŋ fɛɐ'boːtən]
RECIÉN PINTADO	**FRISCH GESTRICHEN**	[fʀɪʃ gə'ʃtʀɪçən]

31. Las compras

comprar (vt)	kaufen (vt)	['kaufən]
hacer compras	einkaufen gehen	['aɪnˌkaufən 'geːən]
compras (f pl)	Einkaufen (n)	['aɪnˌkaufən]
compra (f)	Einkauf (m)	['aɪnˌkauf]

| estar abierto (tienda) | offen sein | ['ɔfən zaɪn] |
| estar cerrado | zu sein | [tsu zaɪn] |

calzado (m)	Schuhe (pl)	['ʃuːə]
ropa (f)	Kleidung (f)	['klaɪdʊŋ]
cosméticos (m pl)	Kosmetik (f)	[kɔs'meːtɪk]
productos alimenticios	Lebensmittel (pl)	['leːbənsˌmɪtəl]
regalo (m)	Geschenk (n)	[gə'ʃɛŋk]

| vendedor (m) | Verkäufer (m) | [fɛɐ'kɔɪfɐ] |
| vendedora (f) | Verkäuferin (f) | [fɛɐ'kɔɪfəʀɪn] |

caja (f)	Kasse (f)	['kasə]
espejo (m)	Spiegel (m)	['ʃpiːgəl]
mostrador (m)	Ladentisch (m)	['laːdənˌtɪʃ]
probador (m)	Umkleidekabine (f)	['ʊmklaɪdə·kaˌbiːnə]

probar (un vestido)	anprobieren (vt)	['anpʀoˌbiːʀən]
quedar (una ropa, etc.)	passen (vi)	['pasən]
gustar (vi)	gefallen (vi)	[gə'falən]

precio (m)	Preis (m)	[pʀaɪs]
etiqueta (f) de precio	Preisschild (n)	['pʀaɪsˌʃɪlt]
costar (vt)	kosten (vt)	['kɔstən]
¿Cuánto?	Wie viel?	['viː fiːl]
descuento (m)	Rabatt (m)	[ʀa'bat]

no costoso (adj)	preiswert	['pʀaɪsˌveːɐt]
barato (adj)	billig	['bɪlɪç]
caro (adj)	teuer	['tɔɪɐ]
Es caro	Das ist teuer	[das is 'tɔɪɐ]

alquiler (m)	Verleih (m)	[fɛɐ'laɪ]
alquilar (vt)	ausleihen (vt)	['aʊsˌlaɪən]
crédito (m)	Kredit (m), Darlehen (n)	[kʀe'diːt], ['daɐˌleːən]
a crédito (adv)	auf Kredit	[aʊf kʀe'diːt]

T&P BOOKS

LA ROPA Y LOS ACCESORIOS

T&P Books Publishing

ropa (f)	**Kleidung** (f)	['klaɪdʊŋ]
ropa (f) de calle	**Oberkleidung** (f)	['oːbɐˌklaɪdʊŋ]
ropa (f) de invierno	**Winterkleidung** (f)	['vɪntɐˌklaɪdʊŋ]
abrigo (m)	**Mantel** (m)	['mantəl]
abrigo (m) de piel	**Pelzmantel** (m)	['pɛltsˌmantəl]
abrigo (m) corto de piel	**Pelzjacke** (f)	['pɛltsˌjakə]
chaqueta (f) plumón	**Daunenjacke** (f)	['daʊnənˌjakə]
cazadora (f)	**Jacke** (f)	['jakə]
impermeable (m)	**Regenmantel** (m)	['ʀeːgənˌmantəl]
impermeable (adj)	**wasserdicht**	['vasɐˌdɪçt]

camisa (f)	**Hemd** (n)	[hɛmt]
pantalones (m pl)	**Hose** (f)	['hoːzə]
jeans, vaqueros (m pl)	**Jeans** (f)	[dʒiːns]
chaqueta (f), saco (m)	**Jackett** (n)	[ʒaˈkɛt]
traje (m)	**Anzug** (m)	['anˌtsuːk]
vestido (m)	**Kleid** (n)	[klaɪt]
falda (f)	**Rock** (m)	[ʀɔk]
blusa (f)	**Bluse** (f)	['bluːzə]
rebeca (f), chaqueta (f) de punto	**Strickjacke** (f)	['ʃtʀɪkˌjakə]
chaqueta (f)	**Jacke** (f)	['jakə]
camiseta (f) (T-shirt)	**T-Shirt** (n)	['tiːˌʃøːɐt]
pantalones (m pl) cortos	**Shorts** (pl)	[ʃɔɐts]
traje (m) deportivo	**Sportanzug** (m)	['ʃpɔɐtˌantsuːk]
bata (f) de baño	**Bademantel** (m)	['baːdəˌmantəl]
pijama (m)	**Schlafanzug** (m)	['ʃlaːfʔanˌtsuːk]
suéter (m)	**Sweater** (m)	['svɛtɐ]
pulóver (m)	**Pullover** (m)	[pʊˈloːvɐ]
chaleco (m)	**Weste** (f)	['vɛstə]
frac (m)	**Frack** (m)	[fʀak]
esmoquin (m)	**Smoking** (m)	['smoːkɪŋ]
uniforme (m)	**Uniform** (f)	['ʊniˌfɔɐm]
ropa (f) de trabajo	**Arbeitskleidung** (f)	['aɐbaɪtsˌklaɪdʊŋ]

| mono (m) | Overall (m) | ['o:vəʀal] |
| bata (f) (p. ej. ~ blanca) | Kittel (m) | ['kɪtəl] |

34. La ropa. La ropa interior

ropa (f) interior	Unterwäsche (f)	['ʊntɐˌvɛʃə]
bóxer (m)	Herrenslip (m)	['hɛʀənˌslɪp]
bragas (f pl)	Damenslip (m)	['da:mənˌslɪp]
camiseta (f) interior	Unterhemd (n)	['ʊntɐˌhɛmt]
calcetines (m pl)	Socken (pl)	['zɔkən]

camisón (m)	Nachthemd (n)	['naxtˌhɛmt]
sostén (m)	Büstenhalter (m)	['bystənˌhaltɐ]
calcetines (m pl) altos	Kniestrümpfe (pl)	['kni:ˌʃtʀʏmpfə]
pantimedias (f pl)	Strumpfhose (f)	['ʃtʀʊmpfˌho:zə]
medias (f pl)	Strümpfe (pl)	['ʃtʀʏmpfə]
traje (m) de baño	Badeanzug (m)	['ba:dəˌʔantsu:k]

35. Gorras

gorro (m)	Mütze (f)	['mʏtsə]
sombrero (m) de fieltro	Filzhut (m)	['fɪltsˌhu:t]
gorra (f) de béisbol	Baseballkappe (f)	['bɛɪsbɔːlˌkapə]
gorra (f) plana	Schiebermütze (f)	['ʃi:bɐˌmʏtsə]

boina (f)	Baskenmütze (f)	['baskənˌmʏtsə]
capuchón (m)	Kapuze (f)	[ka'pu:tsə]
panamá (m)	Panamahut (m)	['panama:ˌhu:t]
gorro (m) de punto	Strickmütze (f)	['ʃtʀɪkˌmʏtsə]

| pañuelo (m) | Kopftuch (n) | ['kɔpfˌtu:x] |
| sombrero (m) de mujer | Damenhut (m) | ['da:mənˌhu:t] |

casco (m) (~ protector)	Schutzhelm (m)	['ʃʊtsˌhɛlm]
gorro (m) de campaña	Feldmütze (f)	['fɛltˌmʏtsə]
casco (m) (~ de moto)	Helm (m)	[hɛlm]

| bombín (m) | Melone (f) | [me'lo:nə] |
| sombrero (m) de copa | Zylinder (m) | [tsy'lɪndɐ] |

36. El calzado

calzado (m)	Schuhe (pl)	['ʃu:ə]
botas (f pl)	Stiefeletten (pl)	[ʃti:fə'lɛtən]
zapatos (m pl) (~ de tacón bajo)	Halbschuhe (pl)	['halpʃu:ə]

botas (f pl) altas	**Stiefel** (pl)	['ʃtiːfəl]
zapatillas (f pl)	**Hausschuhe** (pl)	['haʊsˌʃuːə]
tenis (m pl)	**Tennisschuhe** (pl)	['tɛnɪsˌʃuːə]
zapatillas (f pl) de lona	**Leinenschuhe** (pl)	['laɪnənˌʃuːə]
sandalias (f pl)	**Sandalen** (pl)	[zanˈdaːlən]
zapatero (m)	**Schuster** (m)	['ʃuːstə]
tacón (m)	**Absatz** (m)	['apˌzats]
par (m)	**Paar** (n)	[paːɐ]
cordón (m)	**Schnürsenkel** (m)	['ʃnyːɐˌsɛŋkəl]
encordonar (vt)	**schnüren** (vt)	['ʃnyːʀən]
calzador (m)	**Schuhlöffel** (m)	['ʃuːˌlœfəl]
betún (m)	**Schuhcreme** (f)	['ʃuːˌkʀɛːm]

37. Accesorios personales

guantes (m pl)	**Handschuhe** (pl)	['hantˌʃuːə]
manoplas (f pl)	**Fausthandschuhe** (pl)	['faʊstˈhantˌʃuːə]
bufanda (f)	**Schal** (m)	[ʃaːl]
gafas (f pl)	**Brille** (f)	['bʀɪlə]
montura (f)	**Brillengestell** (n)	['bʀɪlənˈɡəˈʃtɛl]
paraguas (m)	**Regenschirm** (m)	['ʀeːɡənˌʃɪʀm]
bastón (m)	**Spazierstock** (m)	[ʃpaˈtsiːɐˌʃtɔk]
cepillo (m) de pelo	**Haarbürste** (f)	['haːɐˌbyʀstə]
abanico (m)	**Fächer** (m)	['fɛçɐ]
corbata (f)	**Krawatte** (f)	[kʀaˈvatə]
pajarita (f)	**Fliege** (f)	['fliːɡə]
tirantes (m pl)	**Hosenträger** (pl)	['hoːzənˌtʀɛːɡɐ]
moquero (m)	**Taschentuch** (n)	['taʃənˌtuːx]
peine (m)	**Kamm** (m)	[kam]
pasador (m) de pelo	**Haarspange** (f)	['haːɐˌʃpaŋə]
horquilla (f)	**Haarnadel** (f)	['haːɐˌnaːdəl]
hebilla (f)	**Schnalle** (f)	['ʃnalə]
cinturón (m)	**Gürtel** (m)	['ɡʏʀtəl]
correa (f) (de bolso)	**Umhängegurt** (m)	['ʊmhɛŋəˌɡʊʀt]
bolsa (f)	**Tasche** (f)	['taʃə]
bolso (m)	**Handtasche** (f)	['hantˌtaʃə]
mochila (f)	**Rucksack** (m)	['ʀʊkˌzak]

38. La ropa. Miscelánea

moda (f)	**Mode** (f)	['moːdə]
de moda (adj)	**modisch**	['moːdɪʃ]

diseñador (m) de moda	Modedesigner (m)	['moːdə·di'zaɪnɐ]
cuello (m)	Kragen (m)	['kraːgən]
bolsillo (m)	Tasche (f)	['taʃə]
de bolsillo (adj)	Taschen-	['taʃən]
manga (f)	Ärmel (m)	['ɛʁməl]
presilla (f)	Aufhänger (m)	['aʊf͜hɛŋɐ]
bragueta (f)	Hosenschlitz (m)	['hoːzənʃlɪts]

cremallera (f)	Reißverschluss (m)	['ʀaɪs·fɛɐ̯ʃlʊs]
cierre (m)	Verschluss (m)	[fɛɐ̯'ʃlʊs]
botón (m)	Knopf (m)	[knɔpf]
ojal (m)	Knopfloch (n)	['knɔpf͜lɔχ]
saltar (un botón)	abgehen (vi)	['ap͜geːən]

coser (vi, vt)	nähen (vi, vt)	['nɛːən]
bordar (vt)	sticken (vt)	['ʃtɪkən]
bordado (m)	Stickerei (f)	[ʃtɪkə'ʀaɪ]
aguja (f)	Nadel (f)	['naːdəl]
hilo (m)	Faden (m)	['faːdən]
costura (f)	Naht (f)	[naːt]

ensuciarse (vr)	sich beschmutzen	[zɪç bə'ʃmʊtsən]
mancha (f)	Fleck (m)	[flɛk]
arrugarse (vr)	sich knittern	[zɪç 'knɪten]
rasgar (vt)	zerreißen (vt)	[tsɛɐ̯'ʀaɪsən]
polilla (f)	Motte (f)	['mɔtə]

39. Productos personales. Cosméticos

pasta (f) de dientes	Zahnpasta (f)	['tsaːn͜pasta]
cepillo (m) de dientes	Zahnbürste (f)	['tsaːn͜bʏʁstə]
limpiarse los dientes	Zähne putzen	['tsɛːnə 'pʊtsən]

maquinilla (f) de afeitar	Rasierer (m)	[ʀa'ziːʀɐ]
crema (f) de afeitar	Rasiercreme (f)	[ʀa'ziːɐ̯͜kʀɛːm]
afeitarse (vr)	sich rasieren	[zɪç ʀa'ziːʀən]

| jabón (m) | Seife (f) | ['zaɪfə] |
| champú (m) | Shampoo (n) | ['ʃampu] |

tijeras (f pl)	Schere (f)	['ʃeːʀə]
lima (f) de uñas	Nagelfeile (f)	['naːgəl͜faɪlə]
cortaúñas (m pl)	Nagelzange (f)	['naːgəl͜tsaŋə]
pinzas (f pl)	Pinzette (f)	[pɪn'tsɛtə]

cosméticos (m pl)	Kosmetik (f)	[kɔs'meːtɪk]
mascarilla (f)	Gesichtsmaske (f)	[gə'zɪçts͜maskə]
manicura (f)	Maniküre (f)	[mani'kyːʀə]
hacer la manicura	Maniküre machen	[mani'kyːʀə 'maχən]
pedicura (f)	Pediküre (f)	[pedi'kyːʀə]

bolsa (f) de maquillaje	Kosmetiktasche (f)	[kɔs'meːtɪkˌtaʃə]
polvos (m pl)	Puder (m)	['puːdɐ]
polvera (f)	Puderdose (f)	['puːdɐˌdoːzə]
colorete (m), rubor (m)	Rouge (n)	[ʀuːʒ]

perfume (m)	Parfüm (n)	[paʁ'fyːm]
agua (f) de tocador	Duftwasser (n)	['dʊftˌvasɐ]
loción (f)	Lotion (f)	[lo'tsjoːn]
agua (f) de Colonia	Kölnischwasser (n)	['kœlnɪʃˌvasɐ]

sombra (f) de ojos	Lidschatten (m)	['liːtʃatən]
lápiz (m) de ojos	Kajalstift (m)	[ka'jaːlʃtɪft]
rímel (m)	Wimperntusche (f)	['vɪmpɐnˌtuʃə]

pintalabios (m)	Lippenstift (m)	['lɪpənˌʃtɪft]
esmalte (m) de uñas	Nagellack (m)	['naːɡəlˌlak]
fijador (m) para el pelo	Haarlack (m)	['haːɐˌlak]
desodorante (m)	Deodorant (n)	[deodo'ʀant]

crema (f)	Creme (f)	[kʀɛːm]
crema (f) de belleza	Gesichtscreme (f)	[ɡə'zɪçtsˌkʀɛːm]
crema (f) de manos	Handcreme (f)	['hantˌkʀɛːm]
crema (f) antiarrugas	Anti-Falten-Creme (f)	[ˌanti'faltən·kʀɛːm]
crema (f) de día	Tagescreme (f)	['taːɡəsˌkʀɛːm]
crema (f) de noche	Nachtcreme (f)	['naxtˌkʀɛːm]
de día (adj)	Tages-	['taːɡəs]
de noche (adj)	Nacht-	[naxt]

tampón (m)	Tampon (m)	['tampoːn]
papel (m) higiénico	Toilettenpapier (n)	[toa'lɛtən·paˌpiːɐ]
secador (m) de pelo	Föhn (m)	['føːn]

40. Los relojes

reloj (m)	Armbanduhr (f)	['aʁmbantˌʔuːɐ]
esfera (f)	Zifferblatt (n)	['tsɪfɐˌblat]
aguja (f)	Zeiger (m)	['tsaɪɡɐ]
pulsera (f)	Metallarmband (n)	[me'talˌʔaʁmbant]
correa (f) (del reloj)	Uhrenarmband (n)	['uːʀənˌʔaʁmbant]

pila (f)	Batterie (f)	[batə'ʀiː]
descargarse (vr)	verbraucht sein	[fɛɐ'bʀaʊxt zaɪn]
cambiar la pila	die Batterie wechseln	[di batə'ʀiː: 'vɛksəln]
adelantarse (vr)	vorgehen (vi)	['foːɐˌɡeːən]
retrasarse (vr)	nachgehen (vi)	['naːxˌɡeːən]

reloj (m) de pared	Wanduhr (f)	['vantˌʔuːɐ]
reloj (m) de arena	Sanduhr (f)	['zantˌʔuːɐ]
reloj (m) de sol	Sonnenuhr (f)	['zɔnənˌʔuːɐ]
despertador (m)	Wecker (m)	['vɛkɐ]

| relojero (m) | **Uhrmacher** (m) | ['uːɐ̯ˌmaχɐ] |
| reparar (vt) | **reparieren** (vt) | [ʀepaˈʀiːʀən] |

LA EXPERIENCIA DIARIA

T&P Books Publishing

41. El dinero

dinero (m)	Geld (n)	[gɛlt]
cambio (m)	Austausch (m)	['aʊs̩taʊʃ]
curso (m)	Kurs (m)	[kʊʁs]
cajero (m) automático	Geldautomat (m)	['gɛlt?aʊto̩maːt]
moneda (f)	Münze (f)	['mʏntsə]
dólar (m)	Dollar (m)	['dɔlaʁ]
euro (m)	Euro (m)	['ɔɪʁo]
lira (f)	Lira (f)	['liːʁa]
marco (m) alemán	Mark (f)	[maʁk]
franco (m)	Franken (m)	['fʁaŋkən]
libra esterlina (f)	Pfund Sterling (n)	[pfʊnt 'ʃtɛʁlɪŋ]
yen (m)	Yen (m)	[jɛn]
deuda (f)	Schulden (pl)	['ʃʊldən]
deudor (m)	Schuldner (m)	['ʃʊldnɐ]
prestar (vt)	leihen (vt)	['laɪən]
tomar prestado	ausleihen (vt)	['aʊs̩laɪən]
banco (m)	Bank (f)	[baŋk]
cuenta (f)	Konto (n)	['kɔnto]
ingresar (~ en la cuenta)	einzahlen (vt)	['aɪn̩tsaːlən]
ingresar en la cuenta	auf ein Konto einzahlen	[aʊf aɪn 'kɔnto 'aɪn̩tsaːlən]
sacar de la cuenta	abheben (vt)	['ap̩heːbən]
tarjeta (f) de crédito	Kreditkarte (f)	[kʁe'diːt̩kaʁtə]
dinero (m) en efectivo	Bargeld (n)	['baːɐ̯̩gɛlt]
cheque (m)	Scheck (m)	[ʃɛk]
sacar un cheque	einen Scheck schreiben	['aɪnən ʃɛk 'ʃʁaɪbn]
talonario (m)	Scheckbuch (n)	['ʃɛk̩buːx]
cartera (f)	Geldtasche (f)	['gɛlt̩taʃə]
monedero (m)	Geldbeutel (m)	['gɛlt̩bɔɪtəl]
caja (f) fuerte	Safe (m)	[sɛɪf]
heredero (m)	Erbe (m)	['ɛʁbə]
herencia (f)	Erbschaft (f)	['ɛʁpʃaft]
fortuna (f)	Vermögen (n)	[fɛɐ̯'møːgən]
arriendo (m)	Pacht (f)	[paxt]
alquiler (m) (dinero)	Miete (f)	['miːtə]
alquilar (~ una casa)	mieten (vt)	['miːtən]
precio (m)	Preis (m)	[pʁaɪs]

coste (m)	Kosten (pl)	['kɔstən]
suma (f)	Summe (f)	['zʊmə]

gastar (vt)	ausgeben (vt)	['aʊsˌgeːbən]
gastos (m pl)	Ausgaben (pl)	['aʊsˌgaːbən]
economizar (vi, vt)	sparen (vt)	['ʃpaːʁən]
económico (adj)	sparsam	['ʃpaːʁzaːm]

pagar (vi, vt)	zahlen (vt)	['tsaːlən]
pago (m)	Lohn (m)	[loːn]
cambio (m) (devolver el ~)	Wechselgeld (n)	['vɛksəlˌgɛlt]

impuesto (m)	Steuer (f)	['ʃtɔɪɐ]
multa (f)	Geldstrafe (f)	['gɛltˌʃtʁaːfə]
multar (vt)	bestrafen (vt)	[bə'ʃtʁaːfən]

42. La oficina de correos

oficina (f) de correos	Post (f)	[pɔst]
correo (m) (cartas, etc.)	Post (f)	[pɔst]
cartero (m)	Briefträger (m)	['bʁiːfˌtʁɛːgɐ]
horario (m) de apertura	Öffnungszeiten (pl)	['œfnʊŋsˌtsaɪtən]

carta (f)	Brief (m)	[bʁiːf]
carta (f) certificada	Einschreibebrief (m)	['aɪnʃʁaɪbəˌbʁiːf]
tarjeta (f) postal	Postkarte (f)	['pɔstˌkaʁtə]
telegrama (m)	Telegramm (n)	[tele'gʁam]
paquete (m) postal	Postpaket (n)	['pɔst·pa'keːt]
giro (m) postal	Geldanweisung (f)	['gɛltˌanvaɪzʊŋ]

recibir (vt)	bekommen (vt)	[bə'kɔmən]
enviar (vt)	abschicken (vt)	['apˌʃɪkən]
envío (m)	Absendung (f)	['apˌzɛndʊŋ]
dirección (f)	Postanschrift (f)	['pɔstˌanʃʁɪft]
código (m) postal	Postleitzahl (f)	['pɔstlaɪtˌtsaːl]
expedidor (m)	Absender (m)	['apˌzɛndɐ]
destinatario (m)	Empfänger (m)	[ɛm'pfɛŋɐ]

nombre (m)	Vorname (m)	['foːɐ̯ˌnaːmə]
apellido (m)	Nachname (m)	['naːxˌnaːmə]

tarifa (f)	Tarif (m)	[ta'ʁiːf]
ordinario (adj)	Standard-	['standaʁt]
económico (adj)	Spar-	['ʃpaːɐ̯]

peso (m)	Gewicht (n)	[gə'vɪçt]
pesar (~ una carta)	abwiegen (vt)	['apˌviːgən]
sobre (m)	Briefumschlag (m)	['bʁiːfʔʊmˌʃlaːk]
sello (m)	Briefmarke (f)	['bʁiːfˌmaʁkə]
poner un sello	Briefmarke aufkleben	['bʁiːfˌmaʁkə 'aʊfˌkleːbən]

43. La banca

banco (m)	**Bank** (f)	[baŋk]
sucursal (f)	**Filiale** (f)	[fi'lɪaːlə]
consultor (m)	**Berater** (m)	[bə'ʀaːtɐ]
gerente (m)	**Leiter** (m)	['laɪtɐ]
cuenta (f)	**Konto** (n)	['kɔnto]
numero (m) de la cuenta	**Kontonummer** (f)	['kɔntoˌnʊmɐ]
cuenta (f) corriente	**Kontokorrent** (n)	[kɔnto·ko'ʀɛnt]
cuenta (f) de ahorros	**Sparkonto** (n)	['ʃpaːɐˌkɔnto]
abrir una cuenta	**ein Konto eröffnen**	[aɪn 'kɔnto ɛɐ'ʔœfnən]
cerrar la cuenta	**das Konto schließen**	[das 'kɔnto 'ʃliːsən]
ingresar en la cuenta	**auf ein Konto einzahlen**	[aʊf aɪn 'kɔnto 'aɪnˌtsaːlən]
sacar de la cuenta	**abheben** (vt)	['apˌheːbən]
depósito (m)	**Einzahlung** (f)	['aɪnˌtsaːlʊŋ]
hacer un depósito	**eine Einzahlung machen**	['aɪnə 'aɪnˌtsaːlʊŋ 'maχən]
giro (m) bancario	**Überweisung** (f)	[ˌyːbɐ'vaɪzən]
hacer un giro	**überweisen** (vt)	[ˌyːbɐ'vaɪzən]
suma (f)	**Summe** (f)	['zʊmə]
¿Cuánto?	**Wie viel?**	['viː fiːl]
firma (f) (nombre)	**Unterschrift** (f)	['ʊntəˌʃʀɪft]
firmar (vt)	**unterschreiben** (vt)	[ˌʊntə'ʃʀaɪbən]
tarjeta (f) de crédito	**Kreditkarte** (f)	[kʀe'diːtˌkaʁtə]
código (m)	**Code** (m)	[koːt]
número (m) de tarjeta de crédito	**Kreditkartennummer** (f)	[kʀe'diːtˌkaʁtə'nʊmɐ]
cajero (m) automático	**Geldautomat** (m)	['gɛltʔaʊtoˌmaːt]
cheque (m)	**Scheck** (m)	[ʃɛk]
sacar un cheque	**einen Scheck schreiben**	['aɪnən ʃɛk 'ʃʀaɪbən]
talonario (m)	**Scheckbuch** (n)	['ʃɛkˌbuːχ]
crédito (m)	**Darlehen** (m)	['daʁˌleːən]
pedir el crédito	**ein Darlehen beantragen**	[aɪn 'daʁˌleːən bə'ʔantʀaːgən]
obtener un crédito	**ein Darlehen aufnehmen**	[aɪn daʁˌleːən 'aʊfˌneːmən]
conceder un crédito	**ein Darlehen geben**	[aɪn 'daʁˌleːən 'geːbən]
garantía (f)	**Sicherheit** (f)	['zɪçɐhaɪt]

44. El teléfono. Las conversaciones telefónicas

teléfono (m)	**Telefon** (n)	[tele'foːn]
teléfono (m) móvil	**Mobiltelefon** (n)	[mo'biːl·teleˌfoːn]

contestador (m)	**Anrufbeantworter** (m)	['anʀu:fbə·ant͵voʁtə]
llamar, telefonear	**anrufen** (vt)	['an͵ʀu:fən]
llamada (f)	**Anruf** (m)	['an͵ʀu:f]

marcar un número	**eine Nummer wählen**	['aɪnə 'nʊmə 'vɛ:lən]
¿Sí?, ¿Dígame?	**Hallo!**	[ha'lo:]
preguntar (vt)	**fragen** (vt)	['fʀa:gən]
responder (vi, vt)	**antworten** (vi)	['ant͵voʁtən]

oír (vt)	**hören** (vt)	['hø:ʀən]
bien (adv)	**gut**	[gu:t]
mal (adv)	**schlecht**	[ʃlɛçt]
ruidos (m pl)	**Störungen** (pl)	['ʃtø:ʀʊŋən]

auricular (m)	**Hörer** (m)	['hø:ʀɐ]
descolgar (el teléfono)	**den Hörer abnehmen**	[den 'hø:ʀɐ 'ap͵ne:mən]
colgar el auricular	**auflegen** (vt)	['aʊf͵le:gən]

ocupado (adj)	**besetzt**	[bə'zɛtst]
sonar (teléfono)	**läuten** (vi)	['lɔɪtən]
guía (f) de teléfonos	**Telefonbuch** (n)	[tele'fo:n͵bu:χ]

local (adj)	**Orts-**	[ɔʁts]
llamada (f) local	**Ortsgespräch**	[ɔʁts·gə'ʃpʀɛ:ç]
de larga distancia	**Fern-**	['fɛʁn]
llamada (f) de larga distancia	**Ferngespräch**	['fɛʁn·gə'ʃpʀɛ:ç]
internacional (adj)	**Auslands-**	['aʊslants]
llamada (f) internacional	**Auslandsgespräch**	['aʊslants·gə'ʃpʀɛ:ç]

45. El teléfono celular

teléfono (m) móvil	**Mobiltelefon** (n)	[mo'bi:l·tele͵fo:n]
pantalla (f)	**Display** (n)	[dɪs'ple:]
botón (m)	**Knopf** (m)	[knɔpf]
tarjeta SIM (f)	**SIM-Karte** (f)	['zɪm͵kaʁtə]

pila (f)	**Batterie** (f)	[batə'ʀi:]
descargarse (vr)	**leer sein**	[le:ɐ zaɪn]
cargador (m)	**Ladegerät** (n)	['la:də·gə'ʀɛ:t]

menú (m)	**Menü** (n)	[me'ny:]
preferencias (f pl)	**Einstellungen** (pl)	['aɪnʃtɛlʊŋən]
melodía (f)	**Melodie** (f)	[melo'di:]
seleccionar (vt)	**auswählen** (vt)	['aʊs͵vɛ:lən]

calculadora (f)	**Rechner** (m)	['ʀɛçnɐ]
contestador (m)	**Anrufbeantworter** (m)	['anʀu:fbə·ant͵voʁtə]
despertador (m)	**Wecker** (m)	['vɛkɐ]
contactos (m pl)	**Kontakte** (pl)	[kɔn'taktə]

mensaje (m) de texto	SMS-Nachricht (f)	[ɛsʔɛm'ʔɛs 'naːχˌʁɪçt]
abonado (m)	Teilnehmer (m)	['taɪlˌneːmɐ]

46. Los artículos de escritorio. La papelería

bolígrafo (m)	Kugelschreiber (m)	['kuːɡəlˌʃʁaɪbɐ]
pluma (f) estilográfica	Federhalter (m)	['feːdɐˌhaltɐ]

lápiz (m)	Bleistift (m)	['blaɪʃtɪft]
marcador (m)	Faserschreiber (m)	['faːzɐˌʃʁaɪbɐ]
rotulador (m)	Filzstift (m)	['fɪltsˌʃtɪft]

bloc (m) de notas	Notizblock (m)	[no'tiːtsˌblɔk]
agenda (f)	Terminkalender (m)	[tɛʁ'miːnˌkaˌlɛndɐ]

regla (f)	Lineal (n)	[line'aːl]
calculadora (f)	Rechner (m)	['ʁɛçnɐ]
goma (f) de borrar	Radiergummi (m)	[ʁa'diːɐˌɡʊmi]
chincheta (f)	Reißzwecke (f)	['ʁaɪsˌtsvɛkə]
clip (m)	Heftklammer (f)	['hɛftˌklamɐ]

cola (f), pegamento (m)	Klebstoff (m)	['kleːpˌʃtɔf]
grapadora (f)	Hefter (m)	['hɛftɐ]
perforador (m)	Locher (m)	['lɔχɐ]
sacapuntas (m)	Bleistiftspitzer (m)	['blaɪʃtɪftˌʃpɪtsɐ]

47. Los idiomas extranjeros

lengua (f)	Sprache (f)	['ʃpʁaːχə]
extranjero (adj)	Fremd-	['fʁɛmt]
lengua (f) extranjera	Fremdsprache (f)	['fʁɛmtˌʃpʁaːχə]
estudiar (vt)	studieren (vt)	[ʃtu'diːʁən]
aprender (ingles, etc.)	lernen (vt)	['lɛʁnən]

leer (vi, vt)	lesen (vi, vt)	['leːzən]
hablar (vi, vt)	sprechen (vi, vt)	['ʃpʁɛçən]
comprender (vt)	verstehen (vt)	[fɛʁ'ʃteːən]
escribir (vt)	schreiben (vi, vt)	['ʃʁaɪbən]

rápidamente (adv)	schnell	[ʃnɛl]
lentamente (adv)	langsam	['laŋzaːm]
con fluidez (adv)	fließend	['fliːsənt]

reglas (f pl)	Regeln (pl)	['ʁeːɡəln]
gramática (f)	Grammatik (f)	[ɡʁa'matɪk]
vocabulario (m)	Vokabular (n)	[vokabu'laːɐ]
fonética (f)	Phonetik (f)	[fo:'neːtɪk]
manual (m)	Lehrbuch (n)	['leːɐˌbuːχ]

diccionario (m)	**Wörterbuch** (n)	['vœʁtə͵buːχ]
manual (m) autodidáctico	**Selbstlernbuch** (n)	['zɛlpst͵lɛʁnbuːχ]
guía (f) de conversación	**Sprachführer** (m)	['ʃpʀaːχ͵fyːʀɐ]
casete (m)	**Kassette** (f)	[ka'sɛtə]
videocasete (f)	**Videokassette** (f)	['viːdeo·ka'sɛtə]
disco compacto, CD (m)	**CD** (f)	[tse:'de:]
DVD (m)	**DVD** (f)	[defau'de:]
alfabeto (m)	**Alphabet** (n)	[alfa'be:t]
deletrear (vt)	**buchstabieren** (vt)	[͵buːχʃta'biːʀən]
pronunciación (f)	**Aussprache** (f)	['aus͵ʃpʀaːχə]
acento (m)	**Akzent** (m)	[ak'tsɛnt]
con acento	**mit Akzent**	[mɪt ak'tsɛnt]
sin acento	**ohne Akzent**	['oːnə ak'tsɛnt]
palabra (f)	**Wort** (n)	[voʁt]
significado (m)	**Bedeutung** (f)	[bə'dɔɪtʊŋ]
cursos (m pl)	**Kurse** (pl)	['kuʁzə]
inscribirse (vr)	**sich einschreiben**	[zɪç 'aɪnʃʀaɪbən]
profesor (m) (~ de inglés)	**Lehrer** (m)	['leːʀɐ]
traducción (f) (proceso)	**Übertragung** (f)	[͵yːbɐ'tʀaːgʊn]
traducción (f) (texto)	**Übersetzung** (f)	[͵yːbɐ'zɛtsʊn]
traductor (m)	**Übersetzer** (m)	[͵yːbɐ'zɛtsɐ]
intérprete (m)	**Dolmetscher** (m)	['dɔlmɛtʃɐ]
políglota (m)	**Polyglott** (m, f)	[poly'glɔt]
memoria (f)	**Gedächtnis** (n)	[gə'dɛçtnɪs]

LAS COMIDAS. EL RESTAURANTE

T&P Books Publishing

48. Los cubiertos

cuchara (f)	**Löffel** (m)	['lœfəl]
cuchillo (m)	**Messer** (n)	['mɛsɐ]
tenedor (m)	**Gabel** (f)	[gaːbəl]
taza (f)	**Tasse** (f)	['tasə]
plato (m)	**Teller** (m)	['tɛlɐ]
platillo (m)	**Untertasse** (f)	['ʊntɐˌtasə]
servilleta (f)	**Serviette** (f)	[zɛʁ'vɪɛtə]
mondadientes (m)	**Zahnstocher** (m)	['tsaːnˌʃtɔxɐ]

49. El restaurante

restaurante (m)	**Restaurant** (n)	[ʀɛsto'ʀaŋ]
cafetería (f)	**Kaffeehaus** (n)	[ka'feːˌhaʊs]
bar (m)	**Bar** (f)	[baːɐ]
salón (m) de té	**Teesalon** (m)	['teːˌzaˈlɔŋ]
camarero (m)	**Kellner** (m)	['kɛlnɐ]
camarera (f)	**Kellnerin** (f)	['kɛlnəʀɪn]
barman (m)	**Barmixer** (m)	['baːɐˌmɪksɐ]
carta (f), menú (m)	**Speisekarte** (f)	['ʃpaɪzəˌkaʁtə]
carta (f) de vinos	**Weinkarte** (f)	['vaɪnˌkaʁtə]
reservar una mesa	**einen Tisch reservieren**	['aɪnən tɪʃ ʀezɛʁ'viːʀən]
plato (m)	**Gericht** (n)	[gə'ʀɪçt]
pedir (vt)	**bestellen** (vt)	[bə'ʃtɛlən]
hacer un pedido	**eine Bestellung aufgeben**	['aɪnə bə'ʃtɛlʊŋ 'aʊfˌgeːbən]
aperitivo (m)	**Aperitif** (m)	[apeʀi'tiːf]
entremés (m)	**Vorspeise** (f)	['foːɐˌʃpaɪzə]
postre (m)	**Nachtisch** (m)	['naːxˌtɪʃ]
cuenta (f)	**Rechnung** (f)	['ʀɛçnʊŋ]
pagar la cuenta	**Rechnung bezahlen**	['ʀɛçnʊŋ bə'tsaːlən]
dar la vuelta	**das Wechselgeld geben**	[das 'vɛksəlˌgɛlt 'geːbən]
propina (f)	**Trinkgeld** (n)	['tʀɪŋkˌgɛlt]

50. Las comidas

comida (f)	**Essen** (n)	['ɛsən]
comer (vi, vt)	**essen** (vi, vt)	['ɛsən]
desayuno (m)	**Frühstück** (n)	['fʀy:ʃtʏk]
desayunar (vi)	**frühstücken** (vi)	['fʀy:ʃtʏkən]
almuerzo (m)	**Mittagessen** (n)	['mɪta:k,ʔɛsən]
almorzar (vi)	**zu Mittag essen**	[tsu 'mɪta:k 'ɛsən]
cena (f)	**Abendessen** (n)	['a:bənt,ʔɛsən]
cenar (vi)	**zu Abend essen**	[tsu 'a:bənt 'ɛsən]
apetito (m)	**Appetit** (m)	[ape'ti:t]
¡Que aproveche!	**Guten Appetit!**	[,gutən ,ʔapə'ti:t]
abrir (vt)	**öffnen** (vt)	['œfnən]
derramar (líquido)	**verschütten** (vt)	[fɛɐ'ʃʏtən]
derramarse (líquido)	**verschüttet werden**	[fɛɐ'ʃʏtət 've:ɐdən]
hervir (vi)	**kochen** (vi)	['kɔχən]
hervir (vt)	**kochen** (vt)	['kɔχən]
hervido (agua ~a)	**gekocht**	[gə'kɔχt]
enfriar (vt)	**kühlen** (vt)	['ky:lən]
enfriarse (vr)	**abkühlen** (vi)	['ap,ky:lən]
sabor (m)	**Geschmack** (m)	[gə'ʃmak]
regusto (m)	**Beigeschmack** (m)	['baɪgə,ʃmak]
adelgazar (vi)	**auf Diät sein**	[aʊf di'ɛ:t zaɪn]
dieta (f)	**Diät** (f)	[di'ɛ:t]
vitamina (f)	**Vitamin** (n)	[vita'mi:n]
caloría (f)	**Kalorie** (f)	[kalo'ʀi:]
vegetariano (m)	**Vegetarier** (m)	[vege'ta:ʀɪɐ]
vegetariano (adj)	**vegetarisch**	[vege'ta:ʀɪʃ]
grasas (f pl)	**Fett** (n)	[fɛt]
proteínas (f pl)	**Protein** (n)	[pʀote'i:n]
carbohidratos (m pl)	**Kohlenhydrat** (n)	['ko:lənhy,dʀa:t]
loncha (f)	**Scheibchen** (n)	['ʃaɪpçən]
pedazo (m)	**Stück** (n)	[ʃtʏk]
miga (f)	**Krümel** (m)	['kʀy:məl]

51. Los platos

plato (m)	**Gericht** (n)	[gə'ʀɪçt]
cocina (f)	**Küche** (f)	['kʏçə]
receta (f)	**Rezept** (n)	[ʀe'tsɛpt]
porción (f)	**Portion** (f)	[pɔʀ'tsjo:n]
ensalada (f)	**Salat** (m)	[za'la:t]

sopa (f)	Suppe (f)	['zʊpə]
caldo (m)	Brühe (f), Bouillon (f)	['bʀy:ə], [bul'jɔŋ]
bocadillo (m)	belegtes Brot (n)	[bə'le:ktəs bʀo:t]
huevos (m pl) fritos	Spiegelei (n)	['ʃpi:gəl‚ʔaɪ]

| hamburguesa (f) | Hamburger (m) | ['ham‚bʊʀgɐ] |
| bistec (m) | Beefsteak (n) | ['bi:f‚ʃte:k] |

guarnición (f)	Beilage (f)	['baɪ‚la:gə]
espagueti (m)	Spaghetti (pl)	[ʃpa'gɛti]
puré (m) de patatas	Kartoffelpüree (n)	[kaʀ'tɔfəl·py‚ʀe:]
pizza (f)	Pizza (f)	['pɪtsa]
gachas (f pl)	Brei (m)	[bʀaɪ]
tortilla (f) francesa	Omelett (n)	[ɔm'lɛt]

cocido en agua (adj)	gekocht	[gə'kɔχt]
ahumado (adj)	geräuchert	[gə'ʀɔɪçet]
frito (adj)	gebraten	[gə'bʀa:tən]
seco (adj)	getrocknet	[gə'tʀɔknət]
congelado (adj)	tiefgekühlt	['ti:fgə‚ky:lt]
marinado (adj)	mariniert	[maʀi'ni:ɐt]

azucarado, dulce (adj)	süß	[zy:s]
salado (adj)	salzig	['zaltsɪç]
frío (adj)	kalt	[kalt]
caliente (adj)	heiß	[haɪs]
amargo (adj)	bitter	['bɪtɐ]
sabroso (adj)	lecker	['lɛkɐ]

cocer en agua	kochen (vt)	['kɔχən]
preparar (la cena)	zubereiten (vt)	['tsu:bə‚ʀaɪtən]
freír (vt)	braten (vt)	['bʀa:tən]
calentar (vt)	aufwärmen (vt)	['aʊf‚vɛʀmən]

salar (vt)	salzen (vt)	['zaltsən]
poner pimienta	pfeffern (vt)	['pfɛfən]
rallar (vt)	reiben (vt)	['ʀaɪbən]
piel (f)	Schale (f)	['ʃa:lə]
pelar (vt)	schälen (vt)	['ʃɛ:lən]

52. La comida

carne (f)	Fleisch (n)	[flaɪʃ]
gallina (f)	Hühnerfleisch (n)	['hy:nɐ‚flaɪʃ]
pollo (m)	Küken (n)	['ky:kən]
pato (m)	Ente (f)	['ɛntə]
ganso (m)	Gans (f)	[gans]
caza (f) menor	Wild (n)	[vɪlt]
pava (f)	Pute (f)	['pu:tə]
carne (f) de cerdo	Schweinefleisch (n)	['ʃvaɪnə‚flaɪʃ]

carne (f) de ternera	**Kalbfleisch** (n)	['kalp‚flaɪʃ]
carne (f) de carnero	**Hammelfleisch** (n)	['haməl‚flaɪʃ]
carne (f) de vaca	**Rindfleisch** (n)	['ʀɪnt‚flaɪʃ]
conejo (m)	**Kaninchenfleisch** (n)	[ka'ni:nçən‚flaɪʃ]
salchichón (m)	**Wurst** (f)	[vʊʀst]
salchicha (f)	**Würstchen** (n)	['vʏʀstçən]
beicon (m)	**Schinkenspeck** (m)	['ʃɪŋkən‚ʃpɛk]
jamón (m)	**Schinken** (m)	['ʃɪŋkən]
jamón (m) fresco	**Räucherschinken** (m)	['ʀɔɪçɐ‚ʃɪŋkən]
paté (m)	**Pastete** (f)	[pas'te:tə]
hígado (m)	**Leber** (f)	['le:bɐ]
carne (f) picada	**Hackfleisch** (n)	['hak‚flaɪʃ]
lengua (f)	**Zunge** (f)	['tsʊŋə]
huevo (m)	**Ei** (n)	[aɪ]
huevos (m pl)	**Eier** (pl)	['aɪɐ]
clara (f)	**Eiweiß** (n)	['aɪvaɪs]
yema (f)	**Eigelb** (n)	['aɪgɛlp]
pescado (m)	**Fisch** (m)	[fɪʃ]
mariscos (m pl)	**Meeresfrüchte** (pl)	['me:ʀəs‚fʀʏçtə]
crustáceos (m pl)	**Krebstiere** (pl)	['kʀe:ps‚ti:ʀə]
caviar (m)	**Kaviar** (m)	['ka:vɪaʀ]
cangrejo (m) de mar	**Krabbe** (f)	['kʀabə]
camarón (m)	**Garnele** (f)	[gaʀ'ne:lə]
ostra (f)	**Auster** (f)	['aʊstɐ]
langosta (f)	**Languste** (f)	[laŋ'gʊstə]
pulpo (m)	**Krake** (m)	['kʀa:kə]
calamar (m)	**Kalmar** (m)	['kalmaʀ]
esturión (m)	**Störfleisch** (n)	['ʃtø:ɐ‚flaɪʃ]
salmón (m)	**Lachs** (m)	[laks]
fletán (m)	**Heilbutt** (m)	['haɪlbʊt]
bacalao (m)	**Dorsch** (m)	[dɔʀʃ]
caballa (f)	**Makrele** (f)	[ma'kʀe:lə]
atún (m)	**Tunfisch** (m)	['tu:nfɪʃ]
anguila (f)	**Aal** (m)	[a:l]
trucha (f)	**Forelle** (f)	[‚fo'ʀɛlə]
sardina (f)	**Sardine** (f)	[zaʀ'di:nə]
lucio (m)	**Hecht** (m)	[hɛçt]
arenque (m)	**Hering** (m)	['he:ʀɪŋ]
pan (m)	**Brot** (n)	[bʀo:t]
queso (m)	**Käse** (m)	['kɛ:zə]
azúcar (m)	**Zucker** (m)	['tsʊkɐ]
sal (f)	**Salz** (n)	[zalts]
arroz (m)	**Reis** (m)	[ʀaɪs]

macarrones (m pl)	**Teigwaren** (pl)	['taɪkˌvaːʀən]
tallarines (m pl)	**Nudeln** (pl)	['nuːdəln]
mantequilla (f)	**Butter** (f)	['bʊtə]
aceite (m) vegetal	**Pflanzenöl** (n)	['pflantsənˌʔøːl]
aceite (m) de girasol	**Sonnenblumenöl** (n)	['zɔnənbluːmənˌʔøːl]
margarina (f)	**Margarine** (f)	[maʀgaˈʀiːnə]
olivas, aceitunas (f pl)	**Oliven** (pl)	[oˈliːvən]
aceite (m) de oliva	**Olivenöl** (n)	[oˈliːvənˌʔøːl]
leche (f)	**Milch** (f)	[mɪlç]
leche (f) condensada	**Kondensmilch** (f)	[kɔnˈdɛnsˌmɪlç]
yogur (m)	**Joghurt** (m, f)	['joːgʊʀt]
nata (f) agria	**saure Sahne** (f)	['zaʊʀə 'zaːnə]
nata (f) líquida	**Sahne** (f)	['zaːnə]
mayonesa (f)	**Mayonnaise** (f)	[majɔˈnɛːzə]
crema (f) de mantequilla	**Buttercreme** (f)	['bʊtəˌkʀɛːm]
cereales (m pl) integrales	**Grütze** (f)	['gʀʏtsə]
harina (f)	**Mehl** (n)	[meːl]
conservas (f pl)	**Konserven** (pl)	[kɔnˈzɛʀvən]
copos (m pl) de maíz	**Maisflocken** (pl)	[maɪsˈflɔkən]
miel (f)	**Honig** (m)	['hoːnɪç]
confitura (f)	**Marmelade** (f)	[ˌmaʀməˈlaːdə]
chicle (m)	**Kaugummi** (m, n)	['kaʊˌgumi]

53. Las bebidas

agua (f)	**Wasser** (n)	['vasɐ]
agua (f) potable	**Trinkwasser** (n)	['tʀɪŋkˌvasɐ]
agua (f) mineral	**Mineralwasser** (n)	[mineˈʀaːlˌvasɐ]
sin gas	**still**	[ʃtɪl]
gaseoso (adj)	**mit Kohlensäure**	[mɪt 'koːlənˌzɔɪʀə]
con gas	**mit Gas**	[mɪt gaːs]
hielo (m)	**Eis** (n)	[aɪs]
con hielo	**mit Eis**	[mɪt aɪs]
sin alcohol	**alkoholfrei**	['alkohoːlˈfʀaɪ]
bebida (f) sin alcohol	**alkoholfreies Getränk** (n)	['alkohoːlˈfʀaɪəs gəˈtʀɛŋk]
refresco (m)	**Erfrischungsgetränk** (n)	[ɛɐˈfʀɪʃʊŋsˈgəˌtʀɛŋk]
limonada (f)	**Limonade** (f)	[limoˈnaːdə]
bebidas (f pl) alcohólicas	**Spirituosen** (pl)	[ʃpiʀiˈtʊoːzən]
vino (m)	**Wein** (m)	[vaɪn]
vino (m) blanco	**Weißwein** (m)	['vaɪsˌvaɪn]
vino (m) tinto	**Rotwein** (m)	['ʀoːtˌvaɪn]

licor (m)	Likör (m)	[li'kø:ɐ]
champaña (f)	Champagner (m)	[ʃam'panjɐ]
vermú (m)	Wermut (m)	['ve:ɐmu:t]

whisky (m)	Whisky (m)	['vɪski]
vodka (m)	Wodka (m)	['vɔtka]
ginebra (f)	Gin (m)	[dʒɪn]
coñac (m)	Kognak (m)	['kɔnjak]
ron (m)	Rum (m)	[Rʊm]

café (m)	Kaffee (m)	['kafe]
café (m) solo	schwarzer Kaffee (m)	['ʃvaʁtsɐ 'kafe]
café (m) con leche	Milchkaffee (m)	['mɪlç·ka‚fe:]
capuchino (m)	Cappuccino (m)	[‚kapʊ'tʃi:no]
café (m) soluble	Pulverkaffee (m)	['pʊlfɐ‚kafe]

leche (f)	Milch (f)	[mɪlç]
cóctel (m)	Cocktail (m)	['kɔktɛɪl]
batido (m)	Milchcocktail (m)	['mɪlç‚kɔktɛɪl]

zumo (m), jugo (m)	Saft (m)	[zaft]
jugo (m) de tomate	Tomatensaft (m)	[to'ma:tən‚zaft]
zumo (m) de naranja	Orangensaft (m)	[o'Ra:nʒən‚zaft]
zumo (m) fresco	frisch gepresster Saft (m)	[fRɪʃ gə'pRɛstə zaft]

cerveza (f)	Bier (n)	[bi:ɐ]
cerveza (f) rubia	Helles (n)	['hɛlɛs]
cerveza (f) negra	Dunkelbier (n)	['dʊŋkəl‚bi:ɐ]

té (m)	Tee (m)	[te:]
té (m) negro	schwarzer Tee (m)	['ʃvaʁtsɐ 'te:]
té (m) verde	grüner Tee (m)	['gRy:nɐ te:]

54. Las verduras

| legumbres (f pl) | Gemüse (n) | [gə'my:zə] |
| verduras (f pl) | grünes Gemüse (pl) | ['gRy:nəs gə'my:zə] |

tomate (m)	Tomate (f)	[to'ma:tə]
pepino (m)	Gurke (f)	['gʊʁkə]
zanahoria (f)	Karotte (f)	[ka'Rɔtə]
patata (f)	Kartoffel (f)	[kaʁ'tɔfəl]
cebolla (f)	Zwiebel (f)	['tsvi:bəl]
ajo (m)	Knoblauch (m)	['kno:p‚laʊχ]

col (f)	Kohl (m)	[ko:l]
coliflor (f)	Blumenkohl (m)	['blu:mən‚ko:l]
col (f) de Bruselas	Rosenkohl (m)	['Ro:zən‚ko:l]
brócoli (m)	Brokkoli (m)	['bRɔkoli]
remolacha (f)	Rote Bete (f)	[‚Ro:tə'be:tə]

berenjena (f)	**Aubergine** (f)	[ˌobɛʁˈʒiːnə]
calabacín (m)	**Zucchini** (f)	[tsʊˈkiːni]
calabaza (f)	**Kürbis** (m)	[ˈkʏʁbɪs]
nabo (m)	**Rübe** (f)	[ˈʁyːbə]

perejil (m)	**Petersilie** (f)	[petɛˈziːlɪə]
eneldo (m)	**Dill** (m)	[dɪl]
lechuga (f)	**Kopf Salat** (m)	[kɔpf zaˈlaːt]
apio (m)	**Sellerie** (m)	[ˈzɛlɐʁi]
espárrago (m)	**Spargel** (m)	[ˈʃpaʁɡəl]
espinaca (f)	**Spinat** (m)	[ʃpiˈnaːt]

guisante (m)	**Erbse** (f)	[ˈɛʁpsə]
habas (f pl)	**Bohnen** (pl)	[ˈboːnən]
maíz (m)	**Mais** (m)	[ˈmaɪs]
fréjol (m)	**weiße Bohne** (f)	[ˈvaɪsə ˈboːnə]

pimiento (m) dulce	**Paprika** (m)	[ˈpapʁika]
rábano (m)	**Radieschen** (n)	[ʁaˈdiːsçən]
alcachofa (f)	**Artischocke** (f)	[aʁtiˈʃɔkə]

55. Las frutas. Las nueces

fruto (m)	**Frucht** (f)	[fʁʊχt]
manzana (f)	**Apfel** (m)	[ˈapfəl]
pera (f)	**Birne** (f)	[ˈbɪʁnə]
limón (m)	**Zitrone** (f)	[tsiˈʁoːnə]
naranja (f)	**Apfelsine** (f)	[apfəlˈziːnə]
fresa (f)	**Erdbeere** (f)	[ˈeːɛtˌbeːʁə]

mandarina (f)	**Mandarine** (f)	[ˌmandaˈʁiːnə]
ciruela (f)	**Pflaume** (f)	[ˈpflaʊmə]
melocotón (m)	**Pfirsich** (m)	[ˈpfɪʁzɪç]
albaricoque (m)	**Aprikose** (f)	[ˌapʁiˈkoːzə]
frambuesa (f)	**Himbeere** (f)	[ˈhɪmˌbeːʁə]
piña (f)	**Ananas** (f)	[ˈananas]

banana (f)	**Banane** (f)	[baˈnaːnə]
sandía (f)	**Wassermelone** (f)	[ˈvasɛmeˌloːnə]
uva (f)	**Weintrauben** (pl)	[ˈvaɪnˌtʁaʊbən]
guinda (f)	**Sauerkirsche** (f)	[ˈzaʊɛˌkɪʁʃə]
cereza (f)	**Süßkirsche** (f)	[ˈzyːsˌkɪʁʃə]
melón (m)	**Melone** (f)	[meˈloːnə]

pomelo (m)	**Grapefruit** (f)	[ˈgʁɛɪpˌfʁuːt]
aguacate (m)	**Avocado** (f)	[avoˈkaːdo]
papaya (f)	**Papaya** (f)	[paˈpaːja]
mango (m)	**Mango** (f)	[ˈmaŋɡo]
granada (f)	**Granatapfel** (m)	[gʁaˈnaːtˌʔapfəl]
grosella (f) roja	**rote Johannisbeere** (f)	[ˈʁoːtə joˈhanɪsbeːʁə]

grosella (f) negra	schwarze Johannisbeere (f)	[ˈʃvaʁtsə joːˈhanɪsbeːʁə]
grosella (f) espinosa	Stachelbeere (f)	[ˈʃtaχəlˌbeːʁə]
arándano (m)	Heidelbeere (f)	[ˈhaɪdəlˌbeːʁə]
zarzamoras (f pl)	Brombeere (f)	[ˈbʁɔmˌbeːʁə]
pasas (f pl)	Rosinen (pl)	[ʁoˈziːnən]
higo (m)	Feige (f)	[ˈfaɪgə]
dátil (m)	Dattel (f)	[ˈdatəl]
cacahuete (m)	Erdnuss (f)	[ˈeːɐtˌnʊs]
almendra (f)	Mandel (f)	[ˈmandəl]
nuez (f)	Walnuss (f)	[ˈvalˌnʊs]
avellana (f)	Haselnuss (f)	[ˈhaːzəlˌnʊs]
nuez (f) de coco	Kokosnuss (f)	[ˈkoːkɔsˌnʊs]
pistachos (m pl)	Pistazien (pl)	[pɪsˈtaːtsɪən]

56. El pan. Los dulces

pasteles (m pl)	Konditorwaren (pl)	[kɔnˈditoːɐˌvaːʁən]
pan (m)	Brot (n)	[bʁoːt]
galletas (f pl)	Keks (m, n)	[keːks]
chocolate (m)	Schokolade (f)	[ʃokoˈlaːdə]
de chocolate (adj)	Schokoladen-	[ʃokoˈlaːdən]
caramelo (m)	Bonbon (m, n)	[bɔŋˈbɔŋ]
tarta (f) (pequeña)	Kuchen (m)	[ˈkuːχən]
tarta (f) (~ de cumpleaños)	Torte (f)	[ˈtɔʁtə]
tarta (f) (~ de manzana)	Kuchen (m)	[ˈkuːχən]
relleno (m)	Füllung (f)	[ˈfʏlʊn]
confitura (f)	Konfitüre (f)	[ˌkɔnfiˈtyːʁə]
mermelada (f)	Marmelade (f)	[ˌmaʁməˈlaːdə]
gofre (m)	Waffeln (pl)	[vafəln]
helado (m)	Eis (n)	[aɪs]
pudin (m)	Pudding (m)	[ˈpʊdɪŋ]

57. Las especias

sal (f)	Salz (n)	[zalts]
salado (adj)	salzig	[ˈzaltsɪç]
salar (vt)	salzen (vt)	[ˈzaltsən]
pimienta (f) negra	schwarzer Pfeffer (m)	[ˈʃvaʁtsə ˈpfɛfə]
pimienta (f) roja	roter Pfeffer (m)	[ˈʁoːtɐ ˈpfɛfə]
mostaza (f)	Senf (m)	[zɛnf]
rábano (m) picante	Meerrettich (m)	[ˈmeːɐˌʁɛtɪç]

condimento (m)	**Gewürz** (n)	[gə'vʏʁts]
especia (f)	**Gewürz** (n)	[gə'vʏʁts]
salsa (f)	**Soße** (f)	['zo:sə]
vinagre (m)	**Essig** (m)	['ɛsɪç]

anís (m)	**Anis** (m)	[a'ni:s]
albahaca (f)	**Basilikum** (n)	[ba'zi:likʊm]
clavo (m)	**Nelke** (f)	['nɛlkə]
jengibre (m)	**Ingwer** (m)	['ɪŋvɐ]
cilantro (m)	**Koriander** (m)	[ko'ʁiandɐ]
canela (f)	**Zimt** (m)	[tsɪmt]

sésamo (m)	**Sesam** (m)	['ze:zam]
hoja (f) de laurel	**Lorbeerblatt** (n)	['lɔʁbe:ɐˌblat]
paprika (f)	**Paprika** (m)	['papʁika]
comino (m)	**Kümmel** (m)	['kʏməl]
azafrán (m)	**Safran** (m)	['zafʁan]

LA INFORMACIÓN PERSONAL. LA FAMILIA

58. La información personal. Los formularios

nombre (m)	Vorname (m)	['foːɐ̯ˌnaːmə]
apellido (m)	Name (m)	['naːmə]
fecha (f) de nacimiento	Geburtsdatum (n)	[gə'buːɐ̯tsˌdaːtʊm]
lugar (m) de nacimiento	Geburtsort (m)	[gə'buːɐ̯tsˌʔɔɐ̯t]

nacionalidad (f)	Nationalität (f)	[natsjonali'tɛːt]
domicilio (m)	Wohnort (m)	['voːnˌʔɔɐ̯t]
país (m)	Land (n)	[lant]
profesión (f)	Beruf (m)	[bə'ʀuːf]

sexo (m)	Geschlecht (n)	[gə'ʃlɛçt]
estatura (f)	Größe (f)	['gʀøːsə]
peso (m)	Gewicht (n)	[gə'vɪçt]

59. Los familiares. Los parientes

madre (f)	Mutter (f)	['mʊtə]
padre (m)	Vater (m)	['faːtə]
hijo (m)	Sohn (m)	[zoːn]
hija (f)	Tochter (f)	['tɔχtə]

hija (f) menor	jüngste Tochter (f)	['jʏŋstə 'tɔχtə]
hijo (m) menor	jüngste Sohn (m)	['jʏŋstə 'zoːn]
hija (f) mayor	ältere Tochter (f)	['ɛltəʀə 'tɔχtə]
hijo (m) mayor	älterer Sohn (m)	['ɛltəʀə 'zoːn]

| hermano (m) | Bruder (m) | ['bʀuːdə] |
| hermana (f) | Schwester (f) | ['ʃvɛstə] |

primo (m)	Cousin (m)	[ku'zɛŋ]
prima (f)	Cousine (f)	[ku'ziːnə]
mamá (f)	Mama (f)	['mama]
papá (m)	Papa (m)	['papa]
padres (pl)	Eltern (pl)	['ɛltən]
niño -a (m, f)	Kind (n)	[kɪnt]
niños (pl)	Kinder (pl)	['kɪndə]

abuela (f)	Großmutter (f)	['gʀoːsˌmʊtə]
abuelo (m)	Großvater (m)	['gʀoːsˌfaːtə]
nieto (m)	Enkel (m)	['ɛŋkəl]
nieta (f)	Enkelin (f)	['ɛŋkəlɪn]
nietos (pl)	Enkelkinder (pl)	['ɛŋkəlˌkɪndə]

tío (m)	Onkel (m)	['ɔŋkəl]
tía (f)	Tante (f)	['tantə]
sobrino (m)	Neffe (m)	['nɛfə]
sobrina (f)	Nichte (f)	['nɪçtə]

suegra (f)	Schwiegermutter (f)	['ʃvi:gə‚mʊtə]
suegro (m)	Schwiegervater (m)	['ʃvi:gə‚fa:tɐ]
yerno (m)	Schwiegersohn (m)	['ʃvi:gə‚zo:n]
madrastra (f)	Stiefmutter (f)	['ʃti:f‚mʊtə]
padrastro (m)	Stiefvater (m)	['ʃti:f‚fa:tɐ]

niño (m) de pecho	Säugling (m)	['zɔɪklɪŋ]
bebé (m)	Kleinkind (n)	['klaɪn‚kɪnt]
chico (m)	Kleine (m)	['klaɪnə]

mujer (f)	Frau (f)	[fʀaʊ]
marido (m)	Mann (m)	[man]
esposo (m)	Ehemann (m)	['e:ə‚man]
esposa (f)	Gemahlin (f)	[gə'ma:lɪn]

casado (adj)	verheiratet	[fɛɐ'haɪʀa:tət]
casada (adj)	verheiratet	[fɛɐ'haɪʀa:tət]
soltero (adj)	ledig	['le:dɪç]
soltero (m)	Junggeselle (m)	['jʊŋgə‚zɛlə]
divorciado (adj)	geschieden	[gə'ʃi:dən]
viuda (f)	Witwe (f)	['vɪtvə]
viudo (m)	Witwer (m)	['vɪtvɐ]

pariente (m)	Verwandte (m)	[fɛɐ'vantə]
pariente (m) cercano	naher Verwandter (m)	['na:ɐ fɛɐ'vantə]
pariente (m) lejano	entfernter Verwandter (m)	[ɛnt'fɛɐntə fɛɐ'vantə]
parientes (pl)	Verwandte (pl)	[fɛɐ'vantə]

huérfano (m), huérfana (f)	Waise (m, f)	['vaɪzə]
tutor (m)	Vormund (m)	['fo:ɐ‚mʊnt]
adoptar (un niño)	adoptieren (vt)	[adɔp'ti:ʀən]
adoptar (una niña)	adoptieren (vt)	[adɔp'ti:ʀən]

60. Los amigos. Los compañeros del trabajo

amigo (m)	Freund (m)	[fʀɔɪnt]
amiga (f)	Freundin (f)	['fʀɔɪndɪn]
amistad (f)	Freundschaft (f)	['fʀɔɪntʃaft]
ser amigo	befreundet sein	[bə'fʀɔɪndət zaɪn]

amigote (m)	Freund (m)	[fʀɔɪnt]
amiguete (f)	Freundin (f)	['fʀɔɪndɪn]
compañero (m)	Partner (m)	['paɐtnɐ]
jefe (m)	Chef (m)	[ʃɛf]
superior (m)	Vorgesetzte (m)	['fo:ɐgə‚zɛtstə]

propietario (m)	**Besitzer** (m)	[bə'zɪtsɐ]
subordinado (m)	**Untergeordnete** (m)	['ʊntɐɡəˌʔɔʁtnətə]
colega (m, f)	**Kollege** (m)**, Kollegin** (f)	[kɔ'leːɡə], [kɔ'leːɡɪn]
conocido (m)	**Bekannte** (m)	[bə'kantə]
compañero (m) de viaje	**Reisegefährte** (m)	['ʀaɪzəɡə'fɛːɐ̯tə]
condiscípulo (m)	**Mitschüler** (m)	['mɪtʃyːlɐ]
vecino (m)	**Nachbar** (m)	['naxˌbaːɐ]
vecina (f)	**Nachbarin** (f)	['naxbaːʀɪn]
vecinos (pl)	**Nachbarn** (pl)	['naxbaːɐn]

T&P BOOKS

EL CUERPO. LA MEDICINA

T&P Books Publishing

cabeza (f)	Kopf (m)	[kɔpf]
cara (f)	Gesicht (n)	[gə'zɪçt]
nariz (f)	Nase (f)	['na:zə]
boca (f)	Mund (m)	[mʊnt]

ojo (m)	Auge (n)	['aʊgə]
ojos (m pl)	Augen (pl)	['aʊgən]
pupila (f)	Pupille (f)	[pu'pɪlə]
ceja (f)	Augenbraue (f)	['aʊgən‚braʊə]
pestaña (f)	Wimper (f)	['vɪmpɐ]
párpado (m)	Augenlid (n)	['aʊgən‚li:t]

lengua (f)	Zunge (f)	['tsʊŋə]
diente (m)	Zahn (m)	[tsa:n]
labios (m pl)	Lippen (pl)	['lɪpən]
pómulos (m pl)	Backenknochen (pl)	['bakən‚knɔχən]
encía (f)	Zahnfleisch (n)	['tsa:n‚flaɪʃ]
paladar (m)	Gaumen (m)	['gaʊmən]

ventanas (f pl)	Nasenlöcher (pl)	['na:zən‚lœçɐ]
mentón (m)	Kinn (n)	[kɪn]
mandíbula (f)	Kiefer (m)	['ki:fɐ]
mejilla (f)	Wange (f)	['vaŋə]

frente (f)	Stirn (f)	[ʃtɪɐn]
sien (f)	Schläfe (f)	['ʃlɛ:fə]
oreja (f)	Ohr (n)	[o:ɐ]
nuca (f)	Nacken (m)	['nakən]
cuello (m)	Hals (m)	[hals]
garganta (f)	Kehle (f)	['ke:lə]

pelo, cabello (m)	Haare (pl)	['ha:ʀə]
peinado (m)	Frisur (f)	[‚fʀi'zu:ɐ]
corte (m) de pelo	Haarschnitt (m)	['ha:ɐ‚ʃnɪt]
peluca (f)	Perücke (f)	[pe'ʀʏkə]

bigote (m)	Schnurrbart (m)	['ʃnʊʀ‚ba:ɐt]
barba (f)	Bart (m)	[ba:ɐt]
tener (~ la barba)	haben (vt)	[ha:bən]
trenza (f)	Zopf (m)	[tsɔpf]
patillas (f pl)	Backenbart (m)	['bakən‚ba:ɐt]

| pelirrojo (adj) | rothaarig | ['ʀo:t‚ha:ʀɪç] |
| gris, canoso (adj) | grau | [gʀaʊ] |

calvo (adj)	**kahl**	[ka:l]
calva (f)	**Glatze** (f)	['glatsə]

cola (f) de caballo	**Pferdeschwanz** (m)	['pfe:ɐdəˌʃvants]
flequillo (m)	**Pony** (m)	['pɔni]

62. El cuerpo

mano (f)	**Hand** (f)	[hant]
brazo (m)	**Arm** (m)	[aʁm]

dedo (m)	**Finger** (m)	['fɪŋɐ]
dedo (m) del pie	**Zehe** (f)	['tse:ə]
dedo (m) pulgar	**Daumen** (m)	['daʊmən]
dedo (m) meñique	**kleiner Finger** (m)	['klaɪnɐ 'fɪŋɐ]
uña (f)	**Nagel** (m)	['na:gəl]

puño (m)	**Faust** (f)	[faʊst]
palma (f)	**Handfläche** (f)	['hantˌflɛçə]
muñeca (f)	**Handgelenk** (n)	['hantgəˌlɛŋk]
antebrazo (m)	**Unterarm** (m)	['ʊntɐˌʔaʁm]
codo (m)	**Ellbogen** (m)	['ɛlˌbo:gən]
hombro (m)	**Schulter** (f)	['ʃʊltɐ]

pierna (f)	**Bein** (n)	[baɪn]
planta (f)	**Fuß** (m)	[fu:s]
rodilla (f)	**Knie** (n)	[kni:]
pantorrilla (f)	**Wade** (f)	['va:də]

cadera (f)	**Hüfte** (f)	['hʏftə]
talón (m)	**Ferse** (f)	['fɛʁzə]

cuerpo (m)	**Körper** (m)	['kœʁpɐ]
vientre (m)	**Bauch** (m)	['baʊx]
pecho (m)	**Brust** (f)	[bʁʊst]
seno (m)	**Busen** (m)	['bu:zən]
lado (m), costado (m)	**Seite** (f), **Flanke** (f)	['zaɪtə], ['flaŋkə]
espalda (f)	**Rücken** (m)	['ʁʏkən]

zona (f) lumbar	**Kreuz** (n)	[kʁɔɪts]
cintura (f), talle (m)	**Taille** (f)	['taljə]

ombligo (m)	**Nabel** (m)	['na:bəl]
nalgas (f pl)	**Gesäßbacken** (pl)	[gə'zɛːsˌbakən]
trasero (m)	**Hinterteil** (n)	['hɪntəˌtaɪl]

lunar (m)	**Leberfleck** (m)	['le:bəˌflɛk]
marca (f) de nacimiento	**Muttermal** (n)	['mʊtɐˌma:l]
tatuaje (m)	**Tätowierung** (f)	[tɛto'vi:ʁʊŋ]
cicatriz (f)	**Narbe** (f)	['naʁbə]

63. Las enfermedades

enfermedad (f)	**Krankheit** (f)	['kʀaŋkhaɪt]
estar enfermo	**krank sein**	[kʀaŋk zaɪn]
salud (f)	**Gesundheit** (f)	[gə'zʊnthaɪt]
resfriado (m) (coriza)	**Schnupfen** (m)	['ʃnʊpfən]
angina (f)	**Angina** (f)	[aŋ'gi:na]
resfriado (m)	**Erkältung** (f)	[ɛʀ'kɛltʊŋ]
resfriarse (vr)	**sich erkälten**	[zɪç ɛʀ'kɛltən]
bronquitis (f)	**Bronchitis** (f)	[bʀɔn'çi:tɪs]
pulmonía (f)	**Lungenentzündung** (f)	['lʊŋən?ɛnt‚tsʏndʊŋ]
gripe (f)	**Grippe** (f)	['gʀɪpə]
miope (adj)	**kurzsichtig**	['kʊʀts‚zɪçtɪç]
présbita (adj)	**weitsichtig**	['vaɪt‚zɪçtɪç]
estrabismo (m)	**Schielen** (n)	['ʃi:lən]
estrábico (m) (adj)	**schielend**	['ʃi:lənt]
catarata (f)	**grauer Star** (m)	['gʀaʊɐ ʃta:ɐ]
glaucoma (m)	**Glaukom** (n)	[glau'ko:m]
insulto (m)	**Schlaganfall** (m)	['ʃla:k?an‚fal]
ataque (m) cardiaco	**Infarkt** (m)	[ɪn'faʀkt]
infarto (m) de miocardio	**Herzinfarkt** (m)	['hɛʀts?ɪn‚faʀkt]
parálisis (f)	**Lähmung** (f)	['lɛ:mʊŋ]
paralizar (vt)	**lähmen** (vt)	['lɛ:mən]
alergia (f)	**Allergie** (f)	[‚alɛʀ'gi:]
asma (f)	**Asthma** (n)	['astma]
diabetes (f)	**Diabetes** (m)	[dia'be:tɛs]
dolor (m) de muelas	**Zahnschmerz** (m)	['tsa:n‚ʃmɛʀts]
caries (f)	**Karies** (f)	['ka:ʀɪɛs]
diarrea (f)	**Durchfall** (m)	['dʊʀç‚fal]
estreñimiento (m)	**Verstopfung** (f)	[fɛʀ'ʃtɔpfʊŋ]
molestia (f) estomacal	**Magenverstimmung** (f)	['ma:gən·fɛʀ‚ʃtɪmʊŋ]
envenenamiento (m)	**Vergiftung** (f)	[fɛʀ'gɪftʊŋ]
envenenarse (vr)	**Vergiftung bekommen**	[fɛʀ'gɪftʊŋ bə'kɔmən]
artritis (f)	**Arthritis** (f)	[aʀ'tʀi:tɪs]
raquitismo (m)	**Rachitis** (f)	[ʀa'xi:tɪs]
reumatismo (m)	**Rheumatismus** (m)	[ʀɔɪma'tɪsmʊs]
ateroesclerosis (f)	**Atherosklerose** (f)	[atɛʀɔskle'ʀo:zə]
gastritis (f)	**Gastritis** (f)	[gas'tʀi:tɪs]
apendicitis (f)	**Blinddarmentzündung** (f)	['blɪntdaʀm?ɛnt‚tsʏndʊŋ]
colecistitis (f)	**Cholezystitis** (f)	[çoletsʏs'ti:tɪs]
úlcera (f)	**Geschwür** (n)	[gə'ʃvy:ɐ]
sarampión (m)	**Masern** (pl)	['ma:zɐn]

rubeola (f)	**Röteln** (pl)	['ʀøːtəln]
ictericia (f)	**Gelbsucht** (f)	['gɛlp‚zuχt]
hepatitis (f)	**Hepatitis** (f)	[‚hepa'tiːtɪs]

esquizofrenia (f)	**Schizophrenie** (f)	[ʃitsofʀe'niː]
rabia (f) (hidrofobia)	**Tollwut** (f)	['tɔl‚vuːt]
neurosis (f)	**Neurose** (f)	[nɔɪ'ʀoːzə]
conmoción (f) cerebral	**Gehirnerschütterung** (f)	[gə'hɪʀn?ɛɐ̯ʃtəʀʊŋ]

cáncer (m)	**Krebs** (m)	[kʀeːps]
esclerosis (f)	**Sklerose** (f)	[skle'ʀoːzə]
esclerosis (m) múltiple	**multiple Sklerose** (f)	[mʊl'tiːplə skle'ʀoːzə]

alcoholismo (m)	**Alkoholismus** (m)	[‚alkoho'lɪsmʊs]
alcohólico (m)	**Alkoholiker** (m)	[alko'hoːlikɐ]
sífilis (f)	**Syphilis** (f)	['zyːfilɪs]
SIDA (m)	**AIDS**	['eɪts]

tumor (m)	**Tumor** (m)	['tuːmoːɐ]
maligno (adj)	**bösartig**	['bøːs‚?aːɐtɪç]
benigno (adj)	**gutartig**	['guːt‚?aːɐtɪç]
fiebre (f)	**Fieber** (n)	['fiːbɐ]
malaria (f)	**Malaria** (f)	[ma'laːʀɪa]
gangrena (f)	**Gangrän** (f, n)	[gaŋ'gʀɛːn]
mareo (m)	**Seekrankheit** (f)	['zeː‚kʀaŋkhaɪt]
epilepsia (f)	**Epilepsie** (f)	[epilɛ'psiː]

epidemia (f)	**Epidemie** (f)	[epide'miː]
tifus (m)	**Typhus** (m)	['tyːfʊs]
tuberculosis (f)	**Tuberkulose** (f)	[tubɛʀku'loːzə]
cólera (f)	**Cholera** (f)	['koːleʀa]
peste (f)	**Pest** (f)	[pɛst]

64. Los síntomas. Los tratamientos. Unidad 1

síntoma (m)	**Symptom** (n)	[zʏmp'toːm]
temperatura (f)	**Temperatur** (f)	[tɛmpəʀa'tuːɐ]
fiebre (f)	**Fieber** (n)	['fiːbɐ]
pulso (m)	**Puls** (m)	[pʊls]

mareo (m) (vértigo)	**Schwindel** (m)	['ʃvɪndəl]
caliente (adj)	**heiß**	[haɪs]
escalofrío (m)	**Schüttelfrost** (m)	['ʃʏtəl‚fʀɔst]
pálido (adj)	**blass**	[blas]

tos (f)	**Husten** (m)	['huːstən]
toser (vi)	**husten** (vi)	['huːstən]
estornudar (vi)	**niesen** (vi)	['niːzən]
desmayo (m)	**Ohnmacht** (f)	['oːn‚maχt]
desmayarse (vr)	**ohnmächtig werden**	['oːn‚mɛçtɪç 'veːɐdən]

moradura (f)	**blauer Fleck** (m)	['blauɐ flɛk]
chichón (m)	**Beule** (f)	['bɔɪlə]
golpearse (vr)	**sich stoßen**	[zɪç 'ʃto:sən]
magulladura (f)	**Prellung** (f)	['pʀɛlʊŋ]
magullarse (vr)	**sich stoßen**	[zɪç 'ʃto:sən]
cojear (vi)	**hinken** (vi)	['hɪŋkən]
dislocación (f)	**Verrenkung** (f)	[fɛɐ'ʀɛnkʊŋ]
dislocar (vt)	**ausrenken** (vt)	['aʊsˌʀɛŋkən]
fractura (f)	**Fraktur** (f)	[fʀak'tu:ɐ]
tener una fractura	**brechen** (vt)	['bʀɛçən]
corte (m) (tajo)	**Schnittwunde** (f)	['ʃnɪtˌvʊndə]
cortarse (vr)	**sich schneiden**	[zɪç 'ʃnaɪdən]
hemorragia (f)	**Blutung** (f)	['blu:tʊŋ]
quemadura (f)	**Verbrennung** (f)	[fɛɐ'bʀɛnʊŋ]
quemarse (vr)	**sich verbrennen**	[zɪç fɛɐ'bʀɛnən]
pincharse (~ el dedo)	**stechen** (vt)	['ʃtɛçən]
pincharse (vr)	**sich stechen**	[zɪç 'ʃtɛçən]
herir (vt)	**verletzen** (vt)	[fɛɐ'lɛtsən]
herida (f)	**Verletzung** (f)	[fɛɐ'lɛtsʊŋ]
lesión (f) (herida)	**Wunde** (f)	['vʊndə]
trauma (m)	**Trauma** (n)	['tʀaʊma]
delirar (vi)	**irrereden** (vi)	['ɪʀəˌʀe:dən]
tartamudear (vi)	**stottern** (vi)	['ʃtɔtən]
insolación (f)	**Sonnenstich** (m)	['zɔnənˌʃtɪç]

65. Los síntomas. Los tratamientos. Unidad 2

dolor (m)	**Schmerz** (m)	[ʃmɛʀts]
astilla (f)	**Splitter** (m)	['ʃplɪtɐ]
sudor (m)	**Schweiß** (m)	[ʃvaɪs]
sudar (vi)	**schwitzen** (vi)	['ʃvɪtsən]
vómito (m)	**Erbrechen** (n)	[ɛɐ'bʀɛçən]
convulsiones (f pl)	**Krämpfe** (pl)	['kʀɛmpfə]
embarazada (adj)	**schwanger**	['ʃvaŋɐ]
nacer (vi)	**geboren sein**	[gə'bo:ʀən zaɪn]
parto (m)	**Geburt** (f)	[gə'bu:ɐt]
dar a luz	**gebären** (vt)	[gə'bɛ:ʀən]
aborto (m)	**Abtreibung** (f)	['apˌtʀaɪbʊŋ]
respiración (f)	**Atem** (m)	['a:təm]
inspiración (f)	**Atemzug** (m)	['a:təmˌtsu:k]
espiración (f)	**Ausatmung** (f)	['aʊsʔa:tmʊŋ]
espirar (vi)	**ausatmen** (vt)	['aʊsˌʔa:tmən]

inspirar (vi)	einatmen (vt)	['aɪn,ʔaːtmən]
inválido (m)	Invalide (m)	[ɪnvaˈliːdə]
mutilado (m)	Krüppel (m)	['kʀʏpəl]
drogadicto (m)	Drogenabhängiger (m)	['dʀoːgən,ʔaphɛŋɪgɐ]

sordo (adj)	taub	[taʊp]
mudo (adj)	stumm	[ʃtʊm]
sordomudo (adj)	taubstumm	['taʊpʃtʊm]

loco (adj)	verrückt	[fɛɐˈʀʏkt]
loco (m)	Irre (m)	['ɪʀə]
loca (f)	Irre (f)	['ɪʀə]
volverse loco	den Verstand verlieren	[den fɛɐˈʃtant fɛɐˈliːʀən]

gen (m)	Gen (n)	[geːn]
inmunidad (f)	Immunität (f)	[ɪmuniˈtɛːt]
hereditario (adj)	erblich	['ɛʀplɪç]
de nacimiento (adj)	angeboren	['angə,boːʀən]

virus (m)	Virus (m, n)	['viːʀʊs]
microbio (m)	Mikrobe (f)	[miˈkʀoːbə]
bacteria (f)	Bakterie (f)	[bakˈteːʀɪə]
infección (f)	Infektion (f)	[ɪnfɛkˈtsjoːn]

66. Los síntomas. Los tratamientos. Unidad 3

| hospital (m) | Krankenhaus (n) | ['kʀaŋkən,haʊs] |
| paciente (m) | Patient (m) | [paˈtsɪɛnt] |

diagnosis (f)	Diagnose (f)	[diaˈgnoːzə]
cura (f)	Heilung (f)	['haɪlʊŋ]
tratamiento (m)	Behandlung (f)	[bəˈhandlʊŋ]
curarse (vr)	Behandlung bekommen	[bəˈhandlʊŋ bəˈkɔmən]
tratar (vt)	behandeln (vt)	[bəˈhandəln]
cuidar (a un enfermo)	pflegen (vt)	['pfleːgən]
cuidados (m pl)	Pflege (f)	['pfleːgə]

operación (f)	Operation (f)	[opəʀaˈtsjoːn]
vendar (vt)	verbinden (vt)	[fɛɐˈbɪndən]
vendaje (m)	Verband (m)	[fɛɐˈbant]

vacunación (f)	Impfung (f)	['ɪmpfʊŋ]
vacunar (vt)	impfen (vt)	['ɪmpfən]
inyección (f)	Spritze (f)	['ʃpʀɪtsə]
aplicar una inyección	eine Spritze geben	['aɪnə 'ʃpʀɪtsə 'geːbən]

ataque (m)	Anfall (m)	['an,fal]
amputación (f)	Amputation (f)	[amputaˈtsjoːn]
amputar (vt)	amputieren (vt)	[ampuˈtiːʀən]
coma (m)	Koma (n)	['koːma]

| estar en coma | im Koma liegen | [ɪm 'ko:ma 'li:gən] |
| revitalización (f) | Reanimation (f) | [ʀeʔanima'tsjo:n] |

recuperarse (vr)	genesen von ...	[gə'ne:zən fɔn]
estado (m) (de salud)	Zustand (m)	['tsu:ʃtant]
consciencia (f)	Bewusstsein (n)	[bə'vʊstzaɪn]
memoria (f)	Gedächtnis (n)	[gə'dɛçtnɪs]

extraer (un diente)	ziehen (vt)	['tsi:ən]
empaste (m)	Plombe (f)	['plɔmbə]
empastar (vt)	plombieren (vt)	[plɔm'bi:ʀən]

| hipnosis (f) | Hypnose (f) | [hʏp'no:zə] |
| hipnotizar (vt) | hypnotisieren (vt) | [hʏpnoti'zi:ʀən] |

67. La medicina. Las drogas. Los accesorios

medicamento (m), droga (f)	Arznei (f)	[aʁts'naɪ]
remedio (m)	Heilmittel (n)	['haɪlˌmɪtəl]
prescribir (vt)	verschreiben (vt)	[fɛɐ'ʃʀaɪbən]
receta (f)	Rezept (n)	[ʀe'tsɛpt]

tableta (f)	Tablette (f)	[tab'letə]
ungüento (m)	Salbe (f)	['zalbə]
ampolla (f)	Ampulle (f)	[am'pʊlə]
mixtura (f), mezcla (f)	Mixtur (f)	[mɪks'tu:ɐ]
sirope (m)	Sirup (m)	['zi:ʀʊp]
píldora (f)	Pille (f)	['pɪlə]
polvo (m)	Pulver (n)	['pʊlfɐ]

venda (f)	Verband (m)	[fɛɐ'bant]
algodón (m) (discos de ~)	Watte (f)	['vatə]
yodo (m)	Jod (n)	[jo:t]

tirita (f), curita (f)	Pflaster (n)	['pflastɐ]
pipeta (f)	Pipette (f)	[pi'pɛtə]
termómetro (m)	Thermometer (n)	[tɛʁmo'me:tɐ]
jeringa (f)	Spritze (f)	['ʃpʀɪtsə]

| silla (f) de ruedas | Rollstuhl (m) | ['ʀɔlˌʃtu:l] |
| muletas (f pl) | Krücken (pl) | ['kʀʏkən] |

anestésico (m)	Betäubungsmittel (n)	[bə'tɔɪbʊŋsˌmɪtəl]
purgante (m)	Abführmittel (n)	['apfy:ɐˌmɪtəl]
alcohol (m)	Spiritus (m)	['spi:ʀitʊs]
hierba (f) medicinal	Heilkraut (n)	['haɪlˌkʀaʊt]
de hierbas (té ~)	Kräuter-	['kʀɔɪtɐ]

EL APARTAMENTO

T&P Books Publishing

68. El apartamento

apartamento (m)	**Wohnung** (f)	['voːnʊŋ]
habitación (f)	**Zimmer** (n)	['tsɪmɐ]
dormitorio (m)	**Schlafzimmer** (n)	['ʃlaːfˌtsɪmɐ]
comedor (m)	**Esszimmer** (n)	['ɛsˌtsɪmɐ]
salón (m)	**Wohnzimmer** (n)	['voːnˌtsɪmɐ]
despacho (m)	**Arbeitszimmer** (n)	['aʁbaɪtsˌtsɪmɐ]
antecámara (f)	**Vorzimmer** (n)	['foːɐˌtsɪmɐ]
cuarto (m) de baño	**Badezimmer** (n)	['baːdəˌtsɪmɐ]
servicio (m)	**Toilette** (f)	[toaˈlɛtə]
techo (m)	**Decke** (f)	['dɛkə]
suelo (m)	**Fußboden** (m)	['fuːsˌboːdən]
rincón (m)	**Ecke** (f)	['ɛkə]

69. Los muebles. El interior

muebles (m pl)	**Möbel** (n)	['møːbəl]
mesa (f)	**Tisch** (m)	[tɪʃ]
silla (f)	**Stuhl** (m)	[ʃtuːl]
cama (f)	**Bett** (n)	[bɛt]
sofá (m)	**Sofa** (n)	['zoːfa]
sillón (m)	**Sessel** (m)	['zɛsəl]
librería (f)	**Bücherschrank** (m)	['byːçɐˌʃʁaŋk]
estante (m)	**Regal** (n)	[ʁeˈgaːl]
armario (m)	**Schrank** (m)	[ʃʁaŋk]
percha (f)	**Hakenleiste** (f)	['haːkənˌlaɪstə]
perchero (m) de pie	**Kleiderständer** (m)	['klaɪdɐˌʃtɛndɐ]
cómoda (f)	**Kommode** (f)	[kɔˈmoːdə]
mesa (f) de café	**Couchtisch** (m)	['kaʊtʃˌtɪʃ]
espejo (m)	**Spiegel** (m)	['ʃpiːgəl]
tapiz (m)	**Teppich** (m)	['tɛpɪç]
alfombra (f)	**Matte** (f)	['matə]
chimenea (f)	**Kamin** (m)	[kaˈmiːn]
vela (f)	**Kerze** (f)	['kɛʁtsə]
candelero (m)	**Kerzenleuchter** (m)	['kɛʁtsənˌlɔɪçtɐ]
cortinas (f pl)	**Vorhänge** (pl)	['foːɐhɛŋə]

empapelado (m)	**Tapete** (f)	[ta'pe:tə]
estor (m) de láminas	**Jalousie** (f)	[ʒalu'zi:]
lámpara (f) de mesa	**Tischlampe** (f)	['tɪʃˌlampə]
aplique (m)	**Leuchte** (f)	['lɔɪçtə]
lámpara (f) de pie	**Stehlampe** (f)	['ʃte:ˌlampə]
lámpara (f) de araña	**Kronleuchter** (m)	['kʀo:nˌlɔɪçtɐ]
pata (f) (~ de la mesa)	**Bein** (n)	[baɪn]
brazo (m)	**Armlehne** (f)	['aʁmˌle:nə]
espaldar (m)	**Lehne** (f)	['le:nə]
cajón (m)	**Schublade** (f)	['ʃu:pˌla:də]

70. Los accesorios de cama

ropa (f) de cama	**Bettwäsche** (f)	['bɛtˌvɛʃə]
almohada (f)	**Kissen** (n)	['kɪsən]
funda (f)	**Kissenbezug** (m)	['kɪsən·bəˌtsu:k]
manta (f)	**Bettdecke** (f)	['bɛtˌdɛkə]
sábana (f)	**Laken** (n)	['la:kən]
sobrecama (f)	**Tagesdecke** (f)	['ta:gəsˌdɛkə]

71. La cocina

cocina (f)	**Küche** (f)	['kʏçə]
gas (m)	**Gas** (n)	[ga:s]
cocina (f) de gas	**Gasherd** (m)	['ga:sˌhe:ɐt]
cocina (f) eléctrica	**Elektroherd** (m)	[e'lɛktʀoˌhe:ɐt]
horno (m)	**Backofen** (m)	['bakˌʔo:fən]
horno (m) microondas	**Mikrowellenherd** (m)	['mikʀovɛlənˌhe:ɐt]
frigorífico (m)	**Kühlschrank** (m)	['ky:lˌʃʀaŋk]
congelador (m)	**Tiefkühltruhe** (f)	['ti:fky:lˌtʀu:ə]
lavavajillas (m)	**Geschirrspülmaschine** (f)	[gə'ʃɪʁ·ʃpy:l·maˌʃi:nə]
picadora (f) de carne	**Fleischwolf** (m)	['flaɪʃvɔlf]
exprimidor (m)	**Saftpresse** (f)	['zaftˌpʀɛsə]
tostador (m)	**Toaster** (m)	['to:stɐ]
batidora (f)	**Mixer** (m)	['mɪksɐ]
cafetera (f) (aparato de cocina)	**Kaffeemaschine** (f)	['kafe·maˌʃi:nə]
cafetera (f) (para servir)	**Kaffeekanne** (f)	['kafeˌkanə]
molinillo (m) de café	**Kaffeemühle** (f)	['kafeˌmy:lə]
hervidor (m) de agua	**Wasserkessel** (m)	['vasɐˌkɛsəl]
tetera (f)	**Teekanne** (f)	['te:ˌkanə]
tapa (f)	**Deckel** (m)	['dɛkəl]

colador (m) de té	Teesieb (n)	['te:ˌzi:p]
cuchara (f)	Löffel (m)	['lœfəl]
cucharilla (f)	Teelöffel (m)	['te:ˌlœfəl]
cuchara (f) de sopa	Esslöffel (m)	['ɛsˌlœfəl]
tenedor (m)	Gabel (f)	[ga:bəl]
cuchillo (m)	Messer (n)	['mɛsɐ]

vajilla (f)	Geschirr (n)	[gə'ʃɪʁ]
plato (m)	Teller (m)	['tɛlɐ]
platillo (m)	Untertasse (f)	['ʊntɐˌtasə]

vaso (m) de chupito	Schnapsglas (n)	['ʃnapsˌgla:s]
vaso (m) (~ de agua)	Glas (n)	[gla:s]
taza (f)	Tasse (f)	['tasə]

azucarera (f)	Zuckerdose (f)	['tsʊkɐˌdo:zə]
salero (m)	Salzstreuer (m)	['zaltsˌʃtʁɔɪɐ]
pimentero (m)	Pfefferstreuer (m)	['pfɛfɐˌʃtʁɔɪɐ]
mantequera (f)	Butterdose (f)	['bʊtɐˌdo:zə]

cacerola (f)	Kochtopf (m)	['kɔχˌtɔpf]
sartén (f)	Pfanne (f)	['pfanə]
cucharón (m)	Schöpflöffel (m)	['ʃœpfˌlœfəl]
colador (m)	Durchschlag (m)	['dʊʁçˌʃla:k]
bandeja (f)	Tablett (n)	[ta'blɛt]

botella (f)	Flasche (f)	['flaʃə]
tarro (m) de vidrio	Einmachglas (n)	['aɪnmaχˌgla:s]
lata (f)	Dose (f)	['do:zə]

abrebotellas (m)	Flaschenöffner (m)	['flaʃənˌʔœfnɐ]
abrelatas (m)	Dosenöffner (m)	['do:zənˌʔœfnɐ]
sacacorchos (m)	Korkenzieher (m)	['kɔʁkənˌtsi:ɐ]
filtro (m)	Filter (n)	['fɪltɐ]
filtrar (vt)	filtern (vt)	['fɪltɐn]

| basura (f) | Müll (m) | [mʏl] |
| cubo (m) de basura | Mülleimer (m) | ['mʏlˌʔaɪmɐ] |

72. El baño

cuarto (m) de baño	Badezimmer (n)	['ba:dəˌtsɪmɐ]
agua (f)	Wasser (n)	['vasɐ]
grifo (m)	Wasserhahn (m)	['vasɐˌha:n]
agua (f) caliente	Warmwasser (n)	['vaʁmˌvasɐ]
agua (f) fría	Kaltwasser (n)	['kaltˌvasɐ]

pasta (f) de dientes	Zahnpasta (f)	['tsa:nˌpasta]
limpiarse los dientes	Zähne putzen	['tsɛːnə 'pʊtsən]
cepillo (m) de dientes	Zahnbürste (f)	['tsa:nˌbʏʁstə]

afeitarse (vr)	sich rasieren	[zɪç ʀaˈziːʀən]
espuma (f) de afeitar	Rasierschaum (m)	[ʀaˈziːɐˌʃaʊm]
maquinilla (f) de afeitar	Rasierer (m)	[ʀaˈziːʀɐ]

lavar (vt)	waschen (vt)	[ˈvaʃən]
darse un baño	sich waschen	[zɪç ˈvaʃən]
ducha (f)	Dusche (f)	[ˈduːʃə]
darse una ducha	sich duschen	[zɪç ˈduːʃən]

bañera (f)	Badewanne (f)	[ˈbaːdəˌvanə]
inodoro (m)	Klosettbecken (n)	[kloˈzɛtˌbɛkən]
lavabo (m)	Waschbecken (n)	[ˈvaʃˌbɛkən]

| jabón (m) | Seife (f) | [ˈzaɪfə] |
| jabonera (f) | Seifenschale (f) | [ˈzaɪfənˌʃaːlə] |

esponja (f)	Schwamm (m)	[ʃvam]
champú (m)	Shampoo (n)	[ˈʃampu]
toalla (f)	Handtuch (n)	[ˈhantˌtuːx]
bata (f) de baño	Bademantel (m)	[ˈbaːdəˌmantəl]

colada (f), lavado (m)	Wäsche (f)	[ˈvɛʃə]
lavadora (f)	Waschmaschine (f)	[ˈvaʃˈmaˌʃiːnə]
lavar la ropa	waschen (vt)	[ˈvaʃən]
detergente (m) en polvo	Waschpulver (n)	[ˈvaʃˌpʊlvɐ]

73. Los aparatos domésticos

televisor (m)	Fernseher (m)	[ˈfɛʀnˌzeːɐ]
magnetófono (m)	Tonbandgerät (n)	[ˈtoːnbantˈɡəˌʀɛːt]
vídeo (m)	Videorekorder (m)	[ˈvideoˈʀeˌkɔʀdɐ]
radio (m)	Empfänger (m)	[ɛmˈpfɛŋɐ]
reproductor (m) (~ MP3)	Player (m)	[ˈplɛɪɐ]

proyector (m) de vídeo	Videoprojektor (m)	[ˈviːdeoˈpʀoˌjɛktoːɐ]
sistema (m) home cinema	Heimkino (n)	[ˈhaɪmkiːno]
reproductor (m) de DVD	DVD-Player (m)	[defaʊˈdeːˌplɛɪɐ]
amplificador (m)	Verstärker (m)	[fɛɐˈʃtɛʀkɐ]
videoconsola (f)	Spielkonsole (f)	[ˈʃpiːlˈkɔnˌzoːlə]

cámara (f) de vídeo	Videokamera (f)	[ˈviːdeoˌkaməʀa]
cámara (f) fotográfica	Kamera (f)	[ˈkaməʀa]
cámara (f) digital	Digitalkamera (f)	[digiˈtaːlˌkaməʀa]

aspirador (m), aspiradora (f)	Staubsauger (m)	[ˈʃtaʊpˌzaʊɡɐ]
plancha (f)	Bügeleisen (n)	[ˈbyːɡəlˌʔaɪzən]
tabla (f) de planchar	Bügelbrett (n)	[ˈbyːɡəlˌbʀɛt]

| teléfono (m) | Telefon (n) | [teleˈfoːn] |
| teléfono (m) móvil | Mobiltelefon (n) | [moˈbiːlˈteleˌfoːn] |

máquina (f) de escribir	**Schreibmaschine** (f)	[ˈʃʀaɪp·maʃiːnə]
máquina (f) de coser	**Nähmaschine** (f)	[ˈnɛː·maʃiːnə]
micrófono (m)	**Mikrophon** (n)	[mikʀoˈfoːn]
auriculares (m pl)	**Kopfhörer** (m)	[ˈkɔpfˌhøːʀɐ]
mando (m) a distancia	**Fernbedienung** (f)	[ˈfɛʀnbəˌdiːnʊŋ]
CD (m)	**CD** (f)	[tseːˈdeː]
casete (m)	**Kassette** (f)	[kaˈsɛtə]
disco (m) de vinilo	**Schallplatte** (f)	[ˈʃalˌplatə]

T&P BOOKS

LA TIERRA. EL TIEMPO

T&P Books Publishing

74. El espacio

cosmos (m)	**Kosmos** (m)	['kɔsmɔs]
espacial, cósmico (adj)	**kosmisch, Raum-**	['kɔsmɪʃ], ['ʀaʊm]
espacio (m) cósmico	**Weltraum** (m)	['vɛltʀaʊm]
mundo (m)	**All** (n)	[al]
universo (m)	**Universum** (n)	[uni'vɛʀzʊm]
galaxia (f)	**Galaxie** (f)	[gala'ksi:]
estrella (f)	**Stern** (m)	[ʃtɛʀn]
constelación (f)	**Gestirn** (n)	[gə'ʃtɪʀn]
planeta (m)	**Planet** (m)	[pla'ne:t]
satélite (m)	**Satellit** (m)	[zatɛ'li:t]
meteorito (m)	**Meteorit** (m)	[meteo'ʀi:t]
cometa (m)	**Komet** (m)	[ko'me:t]
asteroide (m)	**Asteroid** (m)	[asteʀo'i:t]
órbita (f)	**Umlaufbahn** (f)	['ʊmlaʊf,ba:n]
girar (vi)	**sich drehen**	[zɪç 'dʀe:ən]
atmósfera (f)	**Atmosphäre** (f)	[ʔatmo'sfɛ:ʀə]
Sol (m)	**Sonne** (f)	['zɔnə]
sistema (m) solar	**Sonnensystem** (n)	['zɔnən·zʏs,te:m]
eclipse (m) de Sol	**Sonnenfinsternis** (f)	['zɔnən,fɪnstɛnɪs]
Tierra (f)	**Erde** (f)	['e:ɐdə]
Luna (f)	**Mond** (m)	[mo:nt]
Marte (m)	**Mars** (m)	[maʀs]
Venus (f)	**Venus** (f)	['ve:nʊs]
Júpiter (m)	**Jupiter** (m)	['ju:pitɐ]
Saturno (m)	**Saturn** (m)	[za'tʊʀn]
Mercurio (m)	**Merkur** (m)	[mɛʀ'ku:ɐ]
Urano (m)	**Uran** (m)	[u'ʀa:n]
Neptuno (m)	**Neptun** (m)	[nɛp'tu:n]
Plutón (m)	**Pluto** (m)	['plu:to]
la Vía Láctea	**Milchstraße** (f)	['mɪlçʃtʀa:sə]
la Osa Mayor	**Der Große Bär**	[de:ɐ 'gʀo:sə bɛ:ɐ]
la Estrella Polar	**Polarstern** (m)	[po'la:ɐʃtɛʀn]
marciano (m)	**Marsbewohner** (m)	['maʀs·bə,vo:nɐ]
extraterrestre (m)	**Außerirdischer** (m)	['aʊsɐ,ʔɪʀdɪʃɐ]

| planetícola (m) | außerirdisches Wesen (n) | ['aʊsɐ,ʔɪʁdɪʃəs 've:zən] |
| platillo (m) volante | fliegende Untertasse (f) | ['fli:gəndə 'ʊntɐ,tasə] |

nave (f) espacial	Raumschiff (n)	['ʁaʊmʃɪf]
estación (f) orbital	Raumstation (f)	['ʁaʊm·ʃtatsjo:n]
despegue (m)	Raketenstart (m)	[ʁa'ke:tənʃtaʁt]

motor (m)	Triebwerk (n)	['tʁi:p,vɛʁk]
tobera (f)	Düse (f)	['dy:zə]
combustible (m)	Treibstoff (m)	['tʁaɪpʃtɔf]

carlinga (f)	Kabine (f)	[ka'bi:nə]
antena (f)	Antenne (f)	[an'tɛnə]
ventana (f)	Bullauge (n)	['bʊl,ʔaʊgə]
batería (f) solar	Sonnenbatterie (f)	['zɔnən,batə'ʁi:]
escafandra (f)	Raumanzug (m)	['ʁaʊm,ʔantsu:k]

| ingravidez (f) | Schwerelosigkeit (f) | ['ʃve:ʁə,lo:zɪçkaɪt] |
| oxígeno (m) | Sauerstoff (m) | ['zaʊɐʃtɔf] |

| atraque (m) | Ankopplung (f) | ['aŋkɔplʊŋ] |
| realizar el atraque | koppeln (vi) | ['kɔpəln] |

observatorio (m)	Observatorium (n)	[ɔpzɛʁva'to:ʁiʊm]
telescopio (m)	Teleskop (n)	[tele'sko:p]
observar (vt)	beobachten (vt)	[bə'ʔo:baxtən]
explorar (~ el universo)	erforschen (vt)	[ɛʁ'fɔʁʃən]

75. La tierra

Tierra (f)	Erde (f)	['e:ɐdə]
globo (m) terrestre	Erdkugel (f)	['e:ɐt·ku:gəl]
planeta (m)	Planet (m)	[pla'ne:t]

atmósfera (f)	Atmosphäre (f)	[ʔatmo'sfɛ:ʁə]
geografía (f)	Geographie (f)	[,geogʁa'fi:]
naturaleza (f)	Natur (f)	[na'tu:ɐ]

globo (m) terráqueo	Globus (m)	['glo:bʊs]
mapa (m)	Landkarte (f)	['lant,kaʁtə]
atlas (m)	Atlas (m)	['atlas]

Europa (f)	Europa (n)	[ɔɪ'ʁo:pa]
Asia (f)	Asien (n)	['a:ziən]
África (f)	Afrika (n)	['a:fʁika]
Australia (f)	Australien (n)	[aʊs'tʁa:liən]

América (f)	Amerika (n)	[a'me:ʁika]
América (f) del Norte	Nordamerika (n)	['noʁt?a,me:ʁika]
América (f) del Sur	Südamerika (n)	['zy:t?a'me:ʁika]

| Antártida (f) | Antarktis (f) | [ant'?aʁktɪs] |
| Ártico (m) | Arktis (f) | ['aʁktɪs] |

76. Los puntos cardinales

norte (m)	Norden (m)	['nɔʁdən]
al norte	nach Norden	[na:χ 'nɔʁdən]
en el norte	im Norden	[ɪm 'nɔʁdən]
del norte (adj)	nördlich	['nœʁtlɪç]

sur (m)	Süden (m)	['zy:dən]
al sur	nach Süden	[na:χ 'zy:dən]
en el sur	im Süden	[ɪm 'zy:dən]
del sur (adj)	südlich	['zy:tlɪç]

oeste (m)	Westen (m)	['vɛstən]
al oeste	nach Westen	[na:χ 'vɛstən]
en el oeste	im Westen	[ɪm 'vɛstən]
del oeste (adj)	westlich, West-	['vɛstlɪç], [vɛst]

este (m)	Osten (m)	['ɔstən]
al este	nach Osten	[na:χ 'ɔstən]
en el este	im Osten	[ɪm 'ɔstən]
del este (adj)	östlich	['œstlɪç]

77. El mar. El océano

mar (m)	Meer (n), See (f)	[me:ɐ], [ze:]
océano (m)	Ozean (m)	['o:tsea:n]
golfo (m)	Golf (m)	[gɔlf]
estrecho (m)	Meerenge (f)	['me:ɐˌʔɛŋə]

tierra (f) firme	Festland (n)	['fɛstˌlant]
continente (m)	Kontinent (m)	['kɔntinɛnt]
isla (f)	Insel (f)	['ɪnzəl]
península (f)	Halbinsel (f)	['halpˌʔɪnzəl]
archipiélago (m)	Archipel (m)	[ˌaʁçi'pe:l]

bahía (f)	Bucht (f)	[buχt]
ensenada, bahía (f)	Hafen (m)	['ha:fən]
laguna (f)	Lagune (f)	[la'gu:nə]
cabo (m)	Kap (n)	[kap]

atolón (m)	Atoll (n)	[a'tɔl]
arrecife (m)	Riff (n)	[ʁɪf]
coral (m)	Koralle (f)	[ko'ʁalə]
arrecife (m) de coral	Korallenriff (n)	[ko'ʁalənˌʁɪf]
profundo (adj)	tief	[ti:f]

profundidad (f)	**Tiefe** (f)	['tiːfə]
abismo (m)	**Abgrund** (m)	['ap‚gʀʊnt]
fosa (f) oceánica	**Graben** (m)	['gʀaːbən]

corriente (f)	**Strom** (m)	[ʃtʀoːm]
bañar (rodear)	**umspülen** (vt)	['ʊmˌʃpyːlən]

orilla (f)	**Ufer** (n)	['uːfə]
costa (f)	**Küste** (f)	['kʏstə]

flujo (m)	**Flut** (f)	[fluːt]
reflujo (m)	**Ebbe** (f)	['ɛbə]
banco (m) de arena	**Sandbank** (f)	['zant‚baŋk]
fondo (m)	**Boden** (m)	['boːdən]

ola (f)	**Welle** (f)	['vɛlə]
cresta (f) de la ola	**Wellenkamm** (m)	['vɛlənˌkam]
espuma (f)	**Schaum** (m)	[ʃaʊm]

tempestad (f)	**Sturm** (m)	[ʃtʊʁm]
huracán (m)	**Orkan** (m)	[ɔʁ'kaːn]
tsunami (m)	**Tsunami** (m)	[tsu'naːmi]
bonanza (f)	**Windstille** (f)	['vɪntˌʃtɪlə]
calmo, tranquilo	**ruhig**	['ʀuːɪç]

polo (m)	**Pol** (m)	[poːl]
polar (adj)	**Polar-**	[po'laːɐ]

latitud (f)	**Breite** (f)	['bʀaɪtə]
longitud (f)	**Länge** (f)	['lɛŋə]
paralelo (m)	**Breitenkreis** (m)	['bʀaɪtənˌkʀaɪs]
ecuador (m)	**Äquator** (m)	[ɛ'kvaːtoːɐ]

cielo (m)	**Himmel** (m)	['hɪməl]
horizonte (m)	**Horizont** (m)	[hoʀi'tsɔnt]
aire (m)	**Luft** (f)	[lʊft]

faro (m)	**Leuchtturm** (m)	['lɔɪçtˌtʊʁm]
bucear (vi)	**tauchen** (vi)	['taʊχən]
hundirse (vr)	**versinken** (vi)	[fɛɐ'zɪŋkən]
tesoros (m pl)	**Schätze** (pl)	['ʃɛtsə]

78. Los nombres de los mares y los océanos

océano (m) Atlántico	**Atlantischer Ozean** (m)	[atˌlantɪʃe 'oːtseaːn]
océano (m) Índico	**Indischer Ozean** (m)	['ɪndɪʃe 'oːtseaːn]
océano (m) Pacífico	**Pazifischer Ozean** (m)	[pa'tsiːfɪʃe 'oːtseaːn]
océano (m) Glacial Ártico	**Arktischer Ozean** (m)	['aʁktɪʃe 'oːtseaːn]
mar (m) Negro	**Schwarzes Meer** (n)	['ʃvaʁtsəs 'meːɐ]
mar (m) Rojo	**Rotes Meer** (n)	['ʀoːtəs 'meːɐ]

mar (m) Amarillo	**Gelbes Meer** (n)	['gɛlbəs 'meːɐ]
mar (m) Blanco	**Weißes Meer** (n)	[vaɪsəs 'meːɐ]
mar (m) Caspio	**Kaspisches Meer** (n)	['kaspɪʃəs meːɐ]
mar (m) Muerto	**Totes Meer** (n)	['toːtəs meːɐ]
mar (m) Mediterráneo	**Mittelmeer** (n)	['mɪtəlˌmeːɐ]
mar (m) Egeo	**Ägäisches Meer** (n)	[ɛ'gɛːɪʃəs 'meːɐ]
mar (m) Adriático	**Adriatisches Meer** (n)	[adʀi'aːtɪʃəs 'meːɐ]
mar (m) Arábigo	**Arabisches Meer** (n)	[a'ʀaːbɪʃəs 'meːɐ]
mar (m) del Japón	**Japanisches Meer** (n)	[ja'paːnɪʃəs meːɐ]
mar (m) de Bering	**Beringmeer** (n)	['beːʀɪŋˌmeːɐ]
mar (m) de la China Meridional	**Südchinesisches Meer** (n)	['zyːtˌçi'neːzɪʃəs meːɐ]
mar (m) del Coral	**Korallenmeer** (n)	[ko'ʀalənˌmeːɐ]
mar (m) de Tasmania	**Tasmansee** (f)	[tas'maːnˌzeː]
mar (m) Caribe	**Karibisches Meer** (n)	[ka'ʀiːbɪʃəs 'meːɐ]
mar (m) de Barents	**Barentssee** (f)	['baːʀənts·zeː]
mar (m) de Kara	**Karasee** (f)	['kaʀaˌzeː]
mar (m) del Norte	**Nordsee** (f)	['nɔʁtˌzeː]
mar (m) Báltico	**Ostsee** (f)	['ɔstzeː]
mar (m) de Noruega	**Nordmeer** (n)	['nɔʁtˌmeːɐ]

79. Las montañas

montaña (f)	**Berg** (m)	[bɛʁk]
cadena (f) de montañas	**Gebirgskette** (f)	[gə'bɪʁksˌkɛtə]
cresta (f) de montañas	**Bergrücken** (m)	['bɛʁkˌʀʏkən]
cima (f)	**Gipfel** (m)	['gɪpfəl]
pico (m)	**Spitze** (f)	['ʃpɪtsə]
pie (m)	**Bergfuß** (m)	['bɛʁkˌfuːs]
cuesta (f)	**Abhang** (m)	['apˌhaŋ]
volcán (m)	**Vulkan** (m)	[vʊl'kaːn]
volcán (m) activo	**tätiger Vulkan** (m)	['tɛːtɪgə vʊl'kaːn]
volcán (m) apagado	**schlafender Vulkan** (m)	['ʃlaːfəndɐ vʊl'kaːn]
erupción (f)	**Ausbruch** (m)	['aʊsˌbʀʊx]
cráter (m)	**Krater** (m)	['kʀaːtɐ]
magma (m)	**Magma** (n)	['magma]
lava (f)	**Lava** (f)	['laːva]
fundido (lava ~a)	**glühend heiß**	['glyːənt 'haɪs]
cañón (m)	**Cañon** (m)	[ka'njɔn]
desfiladero (m)	**Schlucht** (f)	[ʃlʊxt]

| grieta (f) | Spalte (f) | ['ʃpaltə] |
| precipicio (m) | Abgrund (m) | ['ap‚gʀʊnt] |

puerto (m) (paso)	Gebirgspass (m)	[gə'bɪʁks‚pas]
meseta (f)	Plateau (n)	[pla'to:]
roca (f)	Fels (m)	[fɛls]
colina (f)	Hügel (m)	['hy:gəl]

glaciar (m)	Gletscher (m)	['glɛtʃɐ]
cascada (f)	Wasserfall (m)	['vasɐ‚fal]
geiser (m)	Geiser (m)	['gaɪzɐ]
lago (m)	See (m)	[ze:]

llanura (f)	Ebene (f)	['e:bənə]
paisaje (m)	Landschaft (f)	['lantʃaft]
eco (m)	Echo (n)	['ɛço]

alpinista (m)	Bergsteiger (m)	['bɛʁkʃtaɪgɐ]
escalador (m)	Kletterer (m)	['klɛtɐʁɐ]
conquistar (vt)	bezwingen (vt)	[bə'tsvɪŋən]
ascensión (f)	Aufstieg (m)	['aʊfʃti:k]

80. Los nombres de las montañas

Alpes (m pl)	Alpen (pl)	['alpən]
Montblanc (m)	Montblanc (m)	[moŋ'blaŋ]
Pirineos (m pl)	Pyrenäen (pl)	[pyʁe'nɛ:ən]

Cárpatos (m pl)	Karpaten (pl)	[kaʁ'pa:tən]
Urales (m pl)	Ural (m), Uralgebirge (n)	[u'ʁa:l], [u'ʁa:l·gə'bɪʁgə]
Cáucaso (m)	Kaukasus (m)	['kaʊkazʊs]
Elbrus (m)	Elbrus (m)	[ɛl'bʁʊs]

Altai (m)	Altai (m)	[al'taɪ]
Tian-Shan (m)	Tian-Shan (m)	['tja:n 'ʃa:n]
Pamir (m)	Pamir (m)	[pa'mi:ɐ]
Himalayos (m pl)	Himalaja (m)	[hima'la:ja]
Everest (m)	Everest (m)	['ɛvɐʁɛst]

| Andes (m pl) | Anden (pl) | ['andən] |
| Kilimanjaro (m) | Kilimandscharo (m) | [kiliman'dʒa:ʁo] |

81. Los ríos

río (m)	Fluss (m)	[flʊs]
manantial (m)	Quelle (f)	['kvɛlə]
lecho (m) (curso de agua)	Flussbett (n)	['flʊs‚bɛt]
cuenca (f) fluvial	Stromgebiet (n)	['ʃtʁo:m·gə'bi:t]

desembocar en ...	einmünden in ...	['aɪnˌmʏndən ɪn]
afluente (m)	Nebenfluss (m)	['ne:bənˌflʊs]
ribera (f)	Ufer (n)	['u:fɐ]
corriente (f)	Strom (m)	[ʃtʀo:m]
río abajo (adv)	stromabwärts	['ʃtʀo:mˌapvɛʁts]
río arriba (adv)	stromaufwärts	['ʃtʀo:mˌaʊfvɛʁts]
inundación (f)	Überschwemmung (f)	[y:bɐ'ʃvɛmʊŋ]
riada (f)	Hochwasser (n)	['ho:χˌvasɐ]
desbordarse (vr)	aus den Ufern treten	['aʊs den 'u:fɐn 'tʀe:tən]
inundar (vt)	überfluten (vt)	[ˌy:bɐ'flu:tən]
bajo (m) arenoso	Sandbank (f)	['zantˌbaŋk]
rápido (m)	Stromschnelle (f)	['ʃtʀo:mˌʃnɛlə]
presa (f)	Damm (m)	[dam]
canal (m)	Kanal (m)	[ka'na:l]
lago (m) artificiale	Stausee (m)	['ʃtaʊze:]
esclusa (f)	Schleuse (f)	['ʃlɔɪzə]
cuerpo (m) de agua	Gewässer (n)	[gə'vɛsɐ]
pantano (m)	Sumpf (m), Moor (n)	[zʊmpf], [mo:ɐ]
ciénaga (f)	Marsch (f)	[maʁʃ]
remolino (m)	Strudel (m)	['ʃtʀu:dəl]
arroyo (m)	Bach (m)	[baχ]
potable (adj)	Trink-	['tʀɪŋk]
dulce (agua ~)	Süß-	[zy:s]
hielo (m)	Eis (n)	[aɪs]
helarse (el lago, etc.)	zufrieren (vi)	['tsu:ˌfʀi:ʀən]

82. Los nombres de los ríos

Sena (m)	Seine (f)	['zɛ:nə]
Loira (m)	Loire (f)	[lu'a:ʀ]
Támesis (m)	Themse (f)	['tɛmzə]
Rin (m)	Rhein (m)	[ʀaɪn]
Danubio (m)	Donau (f)	['do:naʊ]
Volga (m)	Wolga (f)	['vo:lga]
Don (m)	Don (m)	[dɔn]
Lena (m)	Lena (f)	['le:na]
Río (m) Amarillo	Gelber Fluss (m)	['gɛlbɐ 'flʊs]
Río (m) Azul	Jangtse (m)	['jangtsɛ]
Mekong (m)	Mekong (m)	['me:kɔŋ]
Ganges (m)	Ganges (m)	['gaŋgɛs], ['gaŋəs]

Nilo (m)	**Nil** (m)	[niːl]
Congo (m)	**Kongo** (m)	['kɔŋgo]
Okavango (m)	**Okavango** (m)	[ɔka'vaŋgo]
Zambeze (m)	**Sambesi** (m)	[zam'beːzi]
Limpopo (m)	**Limpopo** (m)	[limpɔ'po]
Misisipi (m)	**Mississippi** (m)	[mɪsɪ'sɪpi]

83. El bosque

bosque (m)	**Wald** (m)	[valt]
de bosque (adj)	**Wald-**	['valt]
espesura (f)	**Dickicht** (n)	['dɪkɪçt]
bosquecillo (m)	**Gehölz** (n)	[gə'hœlts]
claro (m)	**Lichtung** (f)	['lɪçtʊŋ]
maleza (f)	**Dickicht** (n)	['dɪkɪçt]
matorral (m)	**Gebüsch** (n)	[gə'bʏʃ]
senda (f)	**Fußweg** (m)	['fuːsˌveːk]
barranco (m)	**Erosionsrinne** (f)	[eʀo'zioːnsˈʀɪnə]
árbol (m)	**Baum** (m)	[baʊm]
hoja (f)	**Blatt** (n)	[blat]
follaje (m)	**Laub** (n)	[laʊp]
caída (f) de hojas	**Laubfall** (m)	['laʊpˌfal]
caer (las hojas)	**fallen** (vi)	['falən]
cima (f)	**Wipfel** (m)	['vɪpfəl]
rama (f)	**Zweig** (m)	[tsvaɪk]
rama (f) (gruesa)	**Ast** (m)	[ast]
brote (m)	**Knospe** (f)	['knɔspə]
aguja (f)	**Nadel** (f)	['naːdəl]
piña (f)	**Zapfen** (m)	['tsapfən]
agujero (m)	**Höhlung** (f)	['høːˌlʊŋ]
nido (m)	**Nest** (n)	[nɛst]
tronco (m)	**Stamm** (m)	[ʃtam]
raíz (f)	**Wurzel** (f)	['vʊʁtsəl]
corteza (f)	**Rinde** (f)	['ʀɪndə]
musgo (m)	**Moos** (n)	['moːs]
extirpar (vt)	**entwurzeln** (vt)	[ɛnt'vʊʁtsəln]
talar (vt)	**fällen** (vt)	['fɛlən]
deforestar (vt)	**abholzen** (vt)	['apˌhɔltsən]
tocón (m)	**Baumstumpf** (m)	['baʊmˌʃtʊmpf]
hoguera (f)	**Lagerfeuer** (n)	['laːgəˌfɔɪɐ]
incendio (m) forestal	**Waldbrand** (m)	['valtˌbʀant]

apagar (~ el incendio)	löschen (vt)	['lœʃən]
guarda (m) forestal	Förster (m)	['fœʁstɐ]
protección (f)	Schutz (m)	[ʃʊts]
proteger (vt)	beschützen (vt)	[bə'ʃʏtsən]
cazador (m) furtivo	Wilddieb (m)	['vɪlt͡diːp]
cepo (m)	Falle (f)	['falə]
recoger (setas)	sammeln (vt)	['zaməln]
recoger (bayas)	pflücken (vt)	['pflʏkən]
perderse (vr)	sich verirren	[zɪç fɛɐ'ʔɪʁən]

84. Los recursos naturales

recursos (m pl) naturales	Naturressourcen (pl)	[na'tuːɐ·ʁɛ'suʁsən]
recursos (m pl) subterráneos	Bodenschätze (pl)	['boːdənˌʃɛtsə]
depósitos (m pl)	Vorkommen (n)	['foːɐˌkɔmən]
yacimiento (m)	Feld (n)	[fɛlt]
extraer (vt)	gewinnen (vt)	[gə'vɪnən]
extracción (f)	Gewinnung (f)	[gə'vɪnʊŋ]
mena (f)	Erz (n)	[eːɐts]
mina (f)	Bergwerk (n)	['bɛʁkˌvɛʁk]
pozo (m) de mina	Schacht (m)	[ʃaxt]
minero (m)	Bergarbeiter (m)	['bɛʁkʔaʁˌbaɪtɐ]
gas (m)	Erdgas (n)	['eːɐt·gaːs]
gasoducto (m)	Gasleitung (f)	['gaːsˌlaɪtʊŋ]
petróleo (m)	Erdöl (n)	['eːɐt͡ʔøːl]
oleoducto (m)	Erdölleitung (f)	['eːɐt͡ʔøːlˌlaɪtʊŋ]
pozo (m) de petróleo	Ölquelle (f)	['øːlˌkvɛlə]
torre (f) de sondeo	Bohrturm (m)	['boːɐˌtʊʁm]
petrolero (m)	Tanker (m)	['taŋkɐ]
arena (f)	Sand (m)	[zant]
caliza (f)	Kalkstein (m)	['kalkˌʃtaɪn]
grava (f)	Kies (m)	[kiːs]
turba (f)	Torf (m)	[tɔʁf]
arcilla (f)	Ton (m)	[toːn]
carbón (m)	Kohle (f)	['koːlə]
hierro (m)	Eisen (n)	['aɪzən]
oro (m)	Gold (n)	[gɔlt]
plata (f)	Silber (n)	['zɪlbɐ]
níquel (m)	Nickel (n)	['nɪkəl]
cobre (m)	Kupfer (n)	['kʊpfɐ]
zinc (m)	Zink (n)	[tsɪŋk]
manganeso (m)	Mangan (n)	[maŋ'gaːn]
mercurio (m)	Quecksilber (n)	['kvɛkˌzɪlbɐ]

plomo (m)	**Blei** (n)	[blaɪ]
mineral (m)	**Mineral** (n)	[mɪne'ʁaːl]
cristal (m)	**Kristall** (m)	[kʁɪs'tal]
mármol (m)	**Marmor** (m)	['maʁmoːɐ]
uranio (m)	**Uran** (n)	[u'ʁaːn]

85. El tiempo

tiempo (m)	**Wetter** (n)	['vɛtɐ]
previsión (f) del tiempo	**Wetterbericht** (m)	['vɛtɐbə,ʁɪçt]
temperatura (f)	**Temperatur** (f)	[tɛmpəʁa'tuːɐ]
termómetro (m)	**Thermometer** (n)	[tɛʁmo'meːtɐ]
barómetro (m)	**Barometer** (n)	[baʁo'meːtɐ]

húmedo (adj)	**feucht**	[fɔɪçt]
humedad (f)	**Feuchtigkeit** (f)	['fɔɪçtɪçkaɪt]
bochorno (m)	**Hitze** (f)	['hɪtsə]
tórrido (adj)	**glutheiß**	['gluːt,haɪs]
hace mucho calor	**ist heiß**	[ist haɪs]

| hace calor (templado) | **ist warm** | [ist vaʁm] |
| templado (adj) | **warm** | [vaʁm] |

| hace frío | **ist kalt** | [ist kalt] |
| frío (adj) | **kalt** | [kalt] |

sol (m)	**Sonne** (f)	['zɔnə]
brillar (vi)	**scheinen** (vi)	['ʃaɪnən]
soleado (un día ~)	**sonnig**	['zɔnɪç]
elevarse (el sol)	**aufgehen** (vi)	['aʊf,geːən]
ponerse (vr)	**untergehen** (vi)	['ʊntɐ,geːən]

nube (f)	**Wolke** (f)	['vɔlkə]
nuboso (adj)	**bewölkt**	[bə'vœlkt]
nubarrón (m)	**Regenwolke** (f)	['ʁeːgən,vɔlkə]
nublado (adj)	**trüb**	[tʁyːp]

lluvia (f)	**Regen** (m)	['ʁeːgən]
está lloviendo	**Es regnet**	[ɛs 'ʁeːgnət]
lluvioso (adj)	**regnerisch**	['ʁeːgnəʁɪʃ]
lloviznar (vi)	**nieseln** (vi)	['niːzəln]

aguacero (m)	**strömender Regen** (m)	['ʃtʁøːməndɐ 'ʁeːgən]
chaparrón (m)	**Regenschauer** (m)	['ʁeːgənʃaʊɐ]
fuerte (la lluvia ~)	**stark**	[ʃtaʁk]
charco (m)	**Pfütze** (f)	['pfʏtsə]
mojarse (vr)	**nass werden** (vi)	[nas 'veːɐdən]

| niebla (f) | **Nebel** (m) | ['neːbəl] |
| nebuloso (adj) | **neblig** | ['neːblɪç] |

nieve (f)	**Schnee** (m)	[ʃneː]
está nevando	**Es schneit**	[ɛs 'ʃnaɪt]

86. Los eventos climáticos severos. Los desastres naturales

tormenta (f)	**Gewitter** (n)	[gə'vɪtɐ]
relámpago (m)	**Blitz** (m)	[blɪts]
relampaguear (vi)	**blitzen** (vi)	['blɪtsən]
trueno (m)	**Donner** (m)	['dɔnɐ]
tronar (vi)	**donnern** (vi)	['dɔnɐn]
está tronando	**Es donnert**	[ɛs 'dɔnɐt]
granizo (m)	**Hagel** (m)	['haːgəl]
está granizando	**Es hagelt**	[ɛs 'haːgəlt]
inundar (vt)	**überfluten** (vt)	[ˌyːbɐ'fluːtən]
inundación (f)	**Überschwemmung** (f)	[yːbɐ'ʃvɛmʊŋ]
terremoto (m)	**Erdbeben** (n)	['eːɐtˌbeːbən]
sacudida (f)	**Erschütterung** (f)	[ɛɐ'ʃʏtəʀʊŋ]
epicentro (m)	**Epizentrum** (n)	[ˌepi'tsɛntʀʊm]
erupción (f)	**Ausbruch** (m)	['aʊsˌbʀʊχ]
lava (f)	**Lava** (f)	['laːva]
torbellino (m)	**Wirbelsturm** (m)	['vɪʀbəlˌʃtʊʀm]
tornado (m)	**Tornado** (m)	[tɔʀ'naːdo]
tifón (m)	**Taifun** (m)	[taɪ'fuːn]
huracán (m)	**Orkan** (m)	[ɔʀ'kaːn]
tempestad (f)	**Sturm** (m)	[ʃtʊʀm]
tsunami (m)	**Tsunami** (m)	[tsu'naːmi]
ciclón (m)	**Zyklon** (m)	[tsy'kloːn]
mal tiempo (m)	**Unwetter** (n)	['ʊnˌvɛtɐ]
incendio (m)	**Brand** (m)	[bʀant]
catástrofe (f)	**Katastrophe** (f)	[ˌkatas'tʀoːfə]
meteorito (m)	**Meteorit** (m)	[meteo'ʀiːt]
avalancha (f)	**Lawine** (f)	[la'viːnə]
alud (m) de nieve	**Schneelawine** (f)	['ʃneːlaˌviːnə]
ventisca (f)	**Schneegestöber** (n)	['ʃneːgəˌʃtøːbɐ]
nevasca (f)	**Schneesturm** (m)	['ʃneːʃtʊʀm]

T&P BOOKS

LA FAUNA

T&P Books Publishing

87. Los mamíferos. Los predadores

carnívoro (m)	**Raubtier** (n)	['ʀaʊptiːɐ]
tigre (m)	**Tiger** (m)	['tiːgɐ]
león (m)	**Löwe** (m)	['løːvə]
lobo (m)	**Wolf** (m)	[vɔlf]
zorro (m)	**Fuchs** (m)	[fʊks]

jaguar (m)	**Jaguar** (m)	['jaːguaːɐ]
leopardo (m)	**Leopard** (m)	[leoˈpaʀt]
guepardo (m)	**Gepard** (m)	[geˈpaʀt]

pantera (f)	**Panther** (m)	['pantɐ]
puma (f)	**Puma** (m)	['puːma]
leopardo (m) de las nieves	**Schneeleopard** (m)	['ʃneːleoˌpaʀt]
lince (m)	**Luchs** (m)	[lʊks]

coyote (m)	**Kojote** (m)	[koˈjoːtə]
chacal (m)	**Schakal** (m)	[ʃaˈkaːl]
hiena (f)	**Hyäne** (f)	['hyɛːnə]

88. Los animales salvajes

animal (m)	**Tier** (n)	[tiːɐ]
bestia (f)	**Bestie** (f)	['bɛstɪə]

ardilla (f)	**Eichhörnchen** (n)	['aɪçˌhœʀnçən]
erizo (m)	**Igel** (m)	['iːgəl]
liebre (f)	**Hase** (m)	['haːzə]
conejo (m)	**Kaninchen** (n)	[kaˈniːnçən]

tejón (m)	**Dachs** (m)	[daks]
mapache (m)	**Waschbär** (m)	['vaʃˌbɛːɐ]
hámster (m)	**Hamster** (m)	['hamstɐ]
marmota (f)	**Murmeltier** (n)	['mʊʀməlˌtiːɐ]

topo (m)	**Maulwurf** (m)	['maʊlˌvʊʀf]
ratón (m)	**Maus** (f)	[maʊs]
rata (f)	**Ratte** (f)	['ʀatə]
murciélago (m)	**Fledermaus** (f)	['fleːdɐˌmaʊs]

armiño (m)	**Hermelin** (n)	[hɛʀməˈliːn]
cebellina (f)	**Zobel** (m)	['tsoːbəl]
marta (f)	**Marder** (m)	['maʀdɐ]

| comadreja (f) | **Wiesel** (n) | ['vi:zəl] |
| visón (m) | **Nerz** (m) | [nɛʁts] |

| castor (m) | **Biber** (m) | ['bi:bɐ] |
| nutria (f) | **Fischotter** (m) | ['fɪʃˌʔɔtɐ] |

caballo (m)	**Pferd** (n)	[pfe:ɐt]
alce (m)	**Elch** (m)	[ɛlç]
ciervo (m)	**Hirsch** (m)	[hɪʁʃ]
camello (m)	**Kamel** (n)	[ka'me:l]

bisonte (m)	**Bison** (m)	['bi:zɔn]
uro (m)	**Wisent** (m)	['vi:zɛnt]
búfalo (m)	**Büffel** (m)	['bʏfəl]

cebra (f)	**Zebra** (n)	['tse:bʀa]
antílope (m)	**Antilope** (f)	[anti'lo:pə]
corzo (m)	**Reh** (n)	[ʀe:]
gamo (m)	**Damhirsch** (m)	['damhɪʁʃ]
gamuza (f)	**Gämse** (f)	['gɛmzə]
jabalí (m)	**Wildschwein** (n)	['vɪltˌʃvaɪn]

ballena (f)	**Wal** (m)	[va:l]
foca (f)	**Seehund** (m)	['ze:ˌhʊnt]
morsa (f)	**Walroß** (n)	['va:lˌʀɔs]
oso (m) marino	**Seebär** (m)	['ze:ˌbɛ:ɐ]
delfín (m)	**Delfin** (m)	[dɛl'fi:n]

oso (m)	**Bär** (m)	[bɛ:ɐ]
oso (m) blanco	**Eisbär** (m)	['aɪsˌbɛ:ɐ]
panda (f)	**Panda** (m)	['panda]

mono (m)	**Affe** (m)	['afə]
chimpancé (m)	**Schimpanse** (m)	[ʃɪm'panzə]
orangután (m)	**Orang-Utan** (m)	['o:ʀaŋˌʔu:tan]
gorila (m)	**Gorilla** (m)	[go'ʀɪla]
macaco (m)	**Makak** (m)	[ma'kak]
gibón (m)	**Gibbon** (m)	['gɪbɔn]

| elefante (m) | **Elefant** (m) | [ele'fant] |
| rinoceronte (m) | **Nashorn** (n) | ['na:sˌhɔʁn] |

| jirafa (f) | **Giraffe** (f) | [ˌgi'ʀafə] |
| hipopótamo (m) | **Flusspferd** (n) | ['flʊsˌpfe:ɐt] |

| canguro (m) | **Känguru** (n) | ['kɛŋguʀu] |
| koala (f) | **Koala** (m) | [ko'a:la] |

mangosta (f)	**Manguste** (f)	[maŋ'gʊstə]
chinchilla (f)	**Chinchilla** (n)	[tʃɪn'tʃɪla]
mofeta (f)	**Stinktier** (n)	['ʃtɪŋkˌti:ɐ]
espín (m)	**Stachelschwein** (n)	['ʃtaχəlˌʃvaɪn]

89. Los animales domésticos

gata (f)	**Katze** (f)	['katsə]
gato (m)	**Kater** (m)	['ka:tɐ]
perro (m)	**Hund** (m)	[hʊnt]
caballo (m)	**Pferd** (n)	[pfe:ɐt]
garañón (m)	**Hengst** (m)	['hɛŋst]
yegua (f)	**Stute** (f)	['ʃtu:tə]
vaca (f)	**Kuh** (f)	[ku:]
toro (m)	**Stier** (m)	[ʃti:ɐ]
buey (m)	**Ochse** (m)	['ɔksə]
oveja (f)	**Schaf** (n)	[ʃa:f]
carnero (m)	**Widder** (m)	['vɪdɐ]
cabra (f)	**Ziege** (f)	['tsi:gə]
cabrón (m)	**Ziegenbock** (m)	['tsi:gənˌbɔk]
asno (m)	**Esel** (m)	['e:zəl]
mulo (m)	**Maultier** (n)	['maʊlˌti:ɐ]
cerdo (m)	**Schwein** (n)	[ʃvaɪn]
cerdito (m)	**Ferkel** (n)	['fɛʁkəl]
conejo (m)	**Kaninchen** (n)	[ka'ni:nçən]
gallina (f)	**Huhn** (n)	[hu:n]
gallo (m)	**Hahn** (m)	[ha:n]
pato (m)	**Ente** (f)	['ɛntə]
ánade (m)	**Enterich** (m)	['ɛntəʁɪç]
ganso (m)	**Gans** (f)	[gans]
pavo (m)	**Puter** (m)	['pu:tɐ]
pava (f)	**Pute** (f)	['pu:tə]
animales (m pl) domésticos	**Haustiere** (pl)	['haʊsˌti:ʁə]
domesticado (adj)	**zahm**	[tsa:m]
domesticar (vt)	**zähmen** (vt)	['tsɛ:mən]
criar (vt)	**züchten** (vt)	['tsʏçtən]
granja (f)	**Farm** (f)	[faʁm]
aves (f pl) de corral	**Geflügel** (n)	[gə'fly:gəl]
ganado (m)	**Vieh** (n)	[fi:]
rebaño (m)	**Herde** (f)	['he:ɐdə]
caballeriza (f)	**Pferdestall** (m)	['pfe:ɐdəˌʃtal]
porqueriza (f)	**Schweinestall** (m)	['ʃvaɪnəˌʃtal]
vaquería (f)	**Kuhstall** (m)	['ku:ˌʃtal]
conejal (m)	**Kaninchenstall** (m)	[ka'ni:nçənˌʃtal]
gallinero (m)	**Hühnerstall** (m)	['hy:nɐˌʃtal]

90. Los pájaros

pájaro (m)	Vogel (m)	['fo:gəl]
paloma (f)	Taube (f)	['taʊbə]
gorrión (m)	Spatz (m)	[ʃpats]
carbonero (m)	Meise (f)	['maɪzə]
urraca (f)	Elster (f)	['ɛlstɐ]
cuervo (m)	Rabe (m)	['ʀa:bə]
corneja (f)	Krähe (f)	['kʀɛ:ə]
chova (f)	Dohle (f)	['do:lə]
grajo (m)	Saatkrähe (f)	['za:t‚kʀɛ:ə]
pato (m)	Ente (f)	['ɛntə]
ganso (m)	Gans (f)	[gans]
faisán (m)	Fasan (m)	[fa'za:n]
águila (f)	Adler (m)	['a:dlɐ]
azor (m)	Habicht (m)	['ha:bɪçt]
halcón (m)	Falke (m)	['falkə]
buitre (m)	Greif (m)	[gʀaɪf]
cóndor (m)	Kondor (m)	['kɔndo:ɐ]
cisne (m)	Schwan (m)	[ʃva:n]
grulla (f)	Kranich (m)	['kʀa:nɪç]
cigüeña (f)	Storch (m)	[ʃtɔʁç]
loro (m), papagayo (m)	Papagei (m)	[papa'gaɪ]
colibrí (m)	Kolibri (m)	['ko:libʀi]
pavo (m) real	Pfau (m)	[pfaʊ]
avestruz (m)	Strauß (m)	[ʃtʀaʊs]
garza (f)	Reiher (m)	['ʀaɪɐ]
flamenco (m)	Flamingo (m)	[fla'mɪŋgo]
pelícano (m)	Pelikan (m)	['pe:lika:n]
ruiseñor (m)	Nachtigall (f)	['naxtɪgal]
golondrina (f)	Schwalbe (f)	['ʃvalbə]
tordo (m)	Drossel (f)	['dʀɔsəl]
zorzal (m)	Singdrossel (f)	['zɪŋ‚dʀɔsəl]
mirlo (m)	Amsel (f)	['amzəl]
vencejo (m)	Segler (m)	['ze:glɐ]
alondra (f)	Lerche (f)	['lɛʁçə]
codorniz (f)	Wachtel (f)	['vaxtəl]
pájaro carpintero (m)	Specht (m)	[ʃpɛçt]
cuco (m)	Kuckuck (m)	['kʊkʊk]
lechuza (f)	Eule (f)	['ɔɪlə]
búho (m)	Uhu (m)	['u:hu]

urogallo (m)	**Auerhahn** (m)	['auɐˌhaːn]
gallo lira (m)	**Birkhahn** (m)	['bɪʁkˌhaːn]
perdiz (f)	**Rebhuhn** (n)	['ʀeːpˌhuːn]

estornino (m)	**Star** (m)	[ʃtaːɐ]
canario (m)	**Kanarienvogel** (m)	[kaˈnaːʀiənˌfoːgəl]
ortega (f)	**Haselhuhn** (n)	['haːzəlˌhuːn]
pinzón (m)	**Buchfink** (m)	['buːxfɪŋk]
camachuelo (m)	**Gimpel** (m)	['gɪmpəl]

gaviota (f)	**Möwe** (f)	['møːvə]
albatros (m)	**Albatros** (m)	['albatʀɔs]
pingüino (m)	**Pinguin** (m)	['pɪŋguiːn]

91. Los peces. Los animales marinos

brema (f)	**Brachse** (f)	['bʀaksə]
carpa (f)	**Karpfen** (m)	['kaʁpfən]
perca (f)	**Barsch** (m)	[baʁʃ]
siluro (m)	**Wels** (m)	[vɛls]
lucio (m)	**Hecht** (m)	[hɛçt]

| salmón (m) | **Lachs** (m) | [laks] |
| esturión (m) | **Stör** (m) | [ʃtøːɐ] |

arenque (m)	**Hering** (m)	['heːʀɪŋ]
salmón (m) del Atlántico	**atlantische Lachs** (m)	[atˈlantɪʃə laks]
caballa (f)	**Makrele** (f)	[maˈkʀeːlə]
lenguado (m)	**Scholle** (f)	['ʃɔlə]

lucioperca (f)	**Zander** (m)	['tsandɐ]
bacalao (m)	**Dorsch** (m)	[dɔʁʃ]
atún (m)	**Tunfisch** (m)	['tuːnfɪʃ]
trucha (f)	**Forelle** (f)	[ˌfoˈʀɛlə]

anguila (f)	**Aal** (m)	[aːl]
raya (f) eléctrica	**Zitterrochen** (m)	['tsɪtɐˌʀɔxən]
morena (f)	**Muräne** (f)	[muˈʀɛːnə]
piraña (f)	**Piranha** (m)	[piˈʀanja]

tiburón (m)	**Hai** (m)	[haɪ]
delfín (m)	**Delfin** (m)	[dɛlˈfiːn]
ballena (f)	**Wal** (m)	[vaːl]

centolla (f)	**Krabbe** (f)	['kʀabə]
medusa (f)	**Meduse** (f)	[meˈduːzə]
pulpo (m)	**Krake** (m)	['kʀaːkə]

| estrella (f) de mar | **Seestern** (m) | ['zeːˌʃtɛʁn] |
| erizo (m) de mar | **Seeigel** (m) | ['zeːˌʔiːgəl] |

caballito (m) de mar	**Seepferdchen** (n)	['ze:͜pfe:etçən]
ostra (f)	**Auster** (f)	['austə]
camarón (m)	**Garnele** (f)	[gau'ne:lə]
bogavante (m)	**Hummer** (m)	['hʊmɐ]
langosta (f)	**Languste** (f)	[laŋ'gʊstə]

92. Los anfibios. Los reptiles

serpiente (f)	**Schlange** (f)	['ʃlaŋə]
venenoso (adj)	**Gift-, giftig**	[gɪft], ['gɪftɪç]
víbora (f)	**Viper** (f)	['vi:pɐ]
cobra (f)	**Kobra** (f)	['ko:bʀa]
pitón (m)	**Python** (m)	['py:tɔn]
boa (f)	**Boa** (f)	['bo:a]
culebra (f)	**Ringelnatter** (f)	['ʀɪŋəl͜natɐ]
serpiente (m) de cascabel	**Klapperschlange** (f)	['klapɐ͜ʃlaŋə]
anaconda (f)	**Anakonda** (f)	[ana'kɔnda]
lagarto (m)	**Eidechse** (f)	['aɪdɛksə]
iguana (f)	**Leguan** (m)	['le:gua:n]
varano (m)	**Waran** (m)	[va'ʀa:n]
salamandra (f)	**Salamander** (m)	[zala'mandɐ]
camaleón (m)	**Chamäleon** (n)	[ka'mɛ:leɔn]
escorpión (m)	**Skorpion** (m)	[skɔʁ'pjo:n]
tortuga (f)	**Schildkröte** (f)	['ʃɪlt͜kʀø:tə]
rana (f)	**Frosch** (m)	[fʀɔʃ]
sapo (m)	**Kröte** (f)	['kʀø:tə]
cocodrilo (m)	**Krokodil** (n)	[kʀoko'di:l]

93. Los insectos

insecto (m)	**Insekt** (n)	[ɪn'zɛkt]
mariposa (f)	**Schmetterling** (m)	['ʃmɛtelɪŋ]
hormiga (f)	**Ameise** (f)	['a:maɪzə]
mosca (f)	**Fliege** (f)	['fli:gə]
mosquito (m) (picadura de ~)	**Mücke** (f)	['mʏkə]
escarabajo (m)	**Käfer** (m)	['kɛ:fɐ]
avispa (f)	**Wespe** (f)	['vɛspə]
abeja (f)	**Biene** (f)	['bi:nə]
abejorro (m)	**Hummel** (f)	['hʊməl]
moscardón (m)	**Bremse** (f)	['bʀɛmzə]
araña (f)	**Spinne** (f)	['ʃpɪnə]
telaraña (f)	**Spinnennetz** (n)	['ʃpɪnən͜nɛts]

libélula (f)	**Libelle** (f)	[li'bɛlə]
saltamontes (m)	**Grashüpfer** (m)	['gʀa:s͜hʏpfɐ]
mariposa (f) nocturna	**Schmetterling** (m)	['ʃmɛtɐlɪŋ]
cucaracha (f)	**Schabe** (f)	['ʃa:bə]
garrapata (f)	**Zecke** (f)	['tsɛkə]
pulga (f)	**Floh** (m)	[flo:]
mosca (f) negra	**Kriebelmücke** (f)	['kʀi:bəl͜mʏkə]
langosta (f)	**Heuschrecke** (f)	['hɔɪʃʀɛkə]
caracol (m)	**Schnecke** (f)	['ʃnɛkə]
grillo (m)	**Heimchen** (n)	['haɪmçən]
luciérnaga (f)	**Leuchtkäfer** (m)	['lɔɪçt͜kɛ:fɐ]
mariquita (f)	**Marienkäfer** (m)	[ma'ʀi:ən͜kɛ:fɐ]
sanjuanero (m)	**Maikäfer** (m)	['maɪ͜kɛ:fɐ]
sanguijuela (f)	**Blutegel** (m)	['blu:t͜ʔe:gəl]
oruga (f)	**Raupe** (f)	['ʀaʊpə]
lombriz (m) de tierra	**Wurm** (m)	[vʊʀm]
larva (f)	**Larve** (f)	['laʀfə]

LA FLORA

T&P Books Publishing

árbol (m)	**Baum** (m)	[baʊm]
foliáceo (adj)	**Laub-**	[laʊp]
conífero (adj)	**Nadel-**	['naːdəl]
de hoja perenne	**immergrün**	['ɪmɐˌɡʀyːn]

manzano (m)	**Apfelbaum** (m)	['apfəlˌbaʊm]
peral (m)	**Birnbaum** (m)	['bɪʀnˌbaʊm]
cerezo (m)	**Süßkirschbaum** (m)	['zyːskɪʀʃˌbaʊm]
guindo (m)	**Sauerkirschbaum** (m)	[zaʊə'kɪʀʃˌbaʊm]
ciruelo (m)	**Pflaumenbaum** (m)	['pflaʊmənˌbaʊm]

abedul (m)	**Birke** (f)	['bɪʀkə]
roble (m)	**Eiche** (f)	['aɪçə]
tilo (m)	**Linde** (f)	['lɪndə]
pobo (m)	**Espe** (f)	['ɛspə]
arce (m)	**Ahorn** (m)	['aːhoʀn]

pícea (f)	**Fichte** (f)	['fɪçtə]
pino (m)	**Kiefer** (f)	['kiːfɐ]
alerce (m)	**Lärche** (f)	['lɛʀçə]

| abeto (m) | **Tanne** (f) | ['tanə] |
| cedro (m) | **Zeder** (f) | ['tseːdɐ] |

| álamo (m) | **Pappel** (f) | ['papəl] |
| serbal (m) | **Vogelbeerbaum** (m) | ['foːɡəlbeːɐˌbaʊm] |

| sauce (m) | **Weide** (f) | ['vaɪdə] |
| aliso (m) | **Erle** (f) | ['ɛʀlə] |

| haya (f) | **Buche** (f) | ['buːχə] |
| olmo (m) | **Ulme** (f) | ['ʊlmə] |

| fresno (m) | **Esche** (f) | ['ɛʃə] |
| castaño (m) | **Kastanie** (f) | [kas'taːniə] |

magnolia (f)	**Magnolie** (f)	[mag'noːliə]
palmera (f)	**Palme** (f)	['palmə]
ciprés (m)	**Zypresse** (f)	[tsy'pʀɛsə]

mangle (m)	**Mangrovenbaum** (m)	[maŋ'ɡʀoːvənˌbaʊm]
baobab (m)	**Baobab** (m)	['baːobap]
eucalipto (m)	**Eukalyptus** (m)	[ɔɪka'lʏptʊs]
secoya (f)	**Mammutbaum** (m)	['mamʊtˌbaʊm]

95. Los arbustos

mata (f)	Strauch (m)	[ʃtʀaʊχ]
arbusto (m)	Gebüsch (n)	[gə'bYʃ]
vid (f)	Weinstock (m)	['vaɪnʃtɔk]
viñedo (m)	Weinberg (m)	['vaɪnˌbɛʀk]
frambueso (m)	Himbeerstrauch (m)	['hɪmbeːɐ̯ʃtʀaʊχ]
grosellero (m) negro	schwarze Johannisbeere (f)	['ʃvaʁtsə joː'hanɪsbeːʀə]
grosellero (m) rojo	rote Johannisbeere (f)	['ʀoːtə joː'hanɪsbeːʀə]
grosellero (m) espinoso	Stachelbeerstrauch (m)	['ʃtaχəlbeːɐ̯ʃtʀaʊχ]
acacia (f)	Akazie (f)	[a'kaːtsiə]
berberís (m)	Berberitze (f)	[bɛʀbə'ʀɪtsə]
jazmín (m)	Jasmin (m)	[jas'miːn]
enebro (m)	Wacholder (m)	[va'χɔldɐ]
rosal (m)	Rosenstrauch (m)	['ʀoːzənʃtʀaʊχ]
escaramujo (m)	Heckenrose (f)	['hɛkənˌʀoːzə]

96. Las frutas. Las bayas

fruto (m)	Frucht (f)	[fʀʊχt]
frutos (m pl)	Früchte (pl)	['fʀYçtə]
manzana (f)	Apfel (m)	['apfəl]
pera (f)	Birne (f)	['bɪʀnə]
ciruela (f)	Pflaume (f)	['pflaʊmə]
fresa (f)	Erdbeere (f)	['eːɐ̯tˌbeːʀə]
guinda (f)	Sauerkirsche (f)	['zaʊɐˌkɪʁʃə]
cereza (f)	Süßkirsche (f)	['zyːsˌkɪʁʃə]
uva (f)	Weintrauben (pl)	['vaɪnˌtʀaʊbən]
frambuesa (f)	Himbeere (f)	['hɪmˌbeːʀə]
grosella (f) negra	schwarze Johannisbeere (f)	['ʃvaʁtsə joː'hanɪsbeːʀə]
grosella (f) roja	rote Johannisbeere (f)	['ʀoːtə joː'hanɪsbeːʀə]
grosella (f) espinosa	Stachelbeere (f)	['ʃtaχəlˌbeːʀə]
arándano (m) agrio	Moosbeere (f)	['moːsˌbeːʀə]
naranja (f)	Apfelsine (f)	[apfəl'ziːnə]
mandarina (f)	Mandarine (f)	[ˌmanda'ʀiːnə]
piña (f)	Ananas (f)	['ananas]
banana (f)	Banane (f)	[ba'naːnə]
dátil (m)	Dattel (f)	['datəl]
limón (m)	Zitrone (f)	[tsi'tʀoːnə]
albaricoque (m)	Aprikose (f)	[ˌapʀi'koːzə]

melocotón (m)	**Pfirsich** (m)	['pfɪʁzɪç]
kiwi (m)	**Kiwi, Kiwifrucht** (f)	['ki:vi], ['ki:vi͵fʀʊχt]
toronja (f)	**Grapefruit** (f)	['gʀɛɪp͵fʀu:t]
baya (f)	**Beere** (f)	['be:ʀə]
bayas (f pl)	**Beeren** (pl)	['be:ʀən]
arándano (m) rojo	**Preiselbeere** (f)	['pʀaɪzəl͵be:ʀə]
fresa (f) silvestre	**Walderdbeere** (f)	['valt?e:ɐt͵be:ʀə]
arándano (m)	**Heidelbeere** (f)	['haɪdəl͵be:ʀə]

97. Las flores. Las plantas

flor (f)	**Blume** (f)	['blu:mə]
ramo (m) de flores	**Blumenstrauß** (m)	['blu:mən͵ʃtʀaʊs]
rosa (f)	**Rose** (f)	['ʀo:zə]
tulipán (m)	**Tulpe** (f)	['tʊlpə]
clavel (m)	**Nelke** (f)	['nɛlkə]
gladiolo (m)	**Gladiole** (f)	[͵gla'dɪo:lə]
aciano (m)	**Kornblume** (f)	['kɔʁn͵blu:mə]
campanilla (f)	**Glockenblume** (f)	['glɔkən͵blu:mə]
diente (m) de león	**Löwenzahn** (m)	['lø:vən͵tsa:n]
manzanilla (f)	**Kamille** (f)	[ka'mɪlə]
áloe (m)	**Aloe** (f)	['a:loe]
cacto (m)	**Kaktus** (m)	['kaktʊs]
ficus (m)	**Gummibaum** (m)	['gʊmi͵baʊm]
azucena (f)	**Lilie** (f)	['li:liə]
geranio (m)	**Geranie** (f)	[ge'ʀa:nɪə]
jacinto (m)	**Hyazinthe** (f)	[hya'tsɪntə]
mimosa (f)	**Mimose** (f)	[mi'mo:zə]
narciso (m)	**Narzisse** (f)	[naʁ'tsɪsə]
capuchina (f)	**Kapuzinerkresse** (f)	[͵kapu'tsi:nɐ͵kʀɛsə]
orquídea (f)	**Orchidee** (f)	[͵ɔʁçi'de:ə]
peonía (f)	**Pfingstrose** (f)	['pfɪŋst͵ʀo:zə]
violeta (f)	**Veilchen** (n)	['faɪlçən]
trinitaria (f)	**Stiefmütterchen** (n)	['ʃti:f͵mʏtəçən]
nomeolvides (f)	**Vergissmeinnicht** (n)	[͵fɛɛ'gɪs·maɪn·nɪçt]
margarita (f)	**Gänseblümchen** (n)	['gɛnzə͵bly:mçən]
amapola (f)	**Mohn** (m)	[mo:n]
cáñamo (m)	**Hanf** (m)	[hanf]
menta (f)	**Minze** (f)	['mɪntsə]
muguete (m)	**Maiglöckchen** (n)	['maɪ͵glœkçən]
campanilla (f) de las nieves	**Schneeglöckchen** (n)	['ʃne:͵glœkçən]

ortiga (f)	**Brennnessel** (f)	['bʀɛnˌnɛsəl]
acedera (f)	**Sauerampfer** (m)	['zaʊɐˌʔampfɐ]
nenúfar (m)	**Seerose** (f)	['ze:ˌʀo:zə]
helecho (m)	**Farn** (m)	[faʁn]
liquen (m)	**Flechte** (f)	['flɛçtə]
invernadero (m) tropical	**Gewächshaus** (n)	[gə'vɛksˌhaʊs]
césped (m)	**Rasen** (m)	['ʀa:zən]
macizo (m) de flores	**Blumenbeet** (n)	['blu:məən·be:t]
planta (f)	**Pflanze** (f)	['pflantsə]
hierba (f)	**Gras** (n)	[gʀa:s]
hoja (f) de hierba	**Grashalm** (m)	['gʀa:sˌhalm]
hoja (f)	**Blatt** (n)	[blat]
pétalo (m)	**Blütenblatt** (n)	['bly:tənˌblat]
tallo (m)	**Stiel** (m)	[ʃti:l]
tubérculo (m)	**Knolle** (f)	['knɔlə]
retoño (m)	**Jungpflanze** (f)	['jʊŋˌpflantsə]
espina (f)	**Dorn** (m)	[dɔʁn]
florecer (vi)	**blühen** (vi)	['bly:ən]
marchitarse (vr)	**welken** (vi)	['vɛlkən]
olor (m)	**Geruch** (m)	[gə'ʀʊχ]
cortar (vt)	**abschneiden** (vt)	['apˌʃnaɪdən]
coger (una flor)	**pflücken** (vt)	['pflʏkən]

98. Los cereales, los granos

grano (m)	**Getreide** (n)	[gə'tʀaɪdə]
cereales (m pl) (plantas)	**Getreidepflanzen** (pl)	[gə'tʀaɪdəˌpflantsən]
espiga (f)	**Ähre** (f)	['ɛ:ʀə]
trigo (m)	**Weizen** (m)	['vaɪtsən]
centeno (m)	**Roggen** (m)	['ʀɔgən]
avena (f)	**Hafer** (m)	['ha:fɐ]
mijo (m)	**Hirse** (f)	['hɪʁzə]
cebada (f)	**Gerste** (f)	['gɛʁstə]
maíz (m)	**Mais** (m)	['maɪs]
arroz (m)	**Reis** (m)	[ʀaɪs]
alforfón (m)	**Buchweizen** (m)	['bu:χˌvaɪtsən]
guisante (m)	**Erbse** (f)	['ɛʁpsə]
fréjol (m)	**weiße Bohne** (f)	['vaɪsə 'bo:nə]
soya (f)	**Sojabohne** (f)	['zo:jaˌbo:nə]
lenteja (f)	**Linse** (f)	['lɪnzə]
habas (f pl)	**Bohnen** (pl)	['bo:nən]

LOS PAÍSES

T&P Books Publishing

Afganistán (m)	**Afghanistan** (n)	[afˈgaːnɪstaːn]
Albania (f)	**Albanien** (n)	[alˈbaːniən]
Alemania (f)	**Deutschland** (n)	[ˈdɔɪtʃlant]
Arabia (f) Saudita	**Saudi-Arabien** (n)	[ˌzaʊdiʔaˈʀaːbiən]
Argentina (f)	**Argentinien** (n)	[ˌaʁgɛnˈtiːniən]
Armenia (f)	**Armenien** (n)	[aʁˈmeːniən]
Australia (f)	**Australien** (n)	[aʊsˈtʀaːliən]
Austria (f)	**Österreich** (n)	[ˈøːstəʀaɪç]
Azerbaiyán (m)	**Aserbaidschan** (n)	[ˌazɛʁbaɪˈdʒaːn]

Bangladesh (m)	**Bangladesch** (n)	[ˌbaŋglaˈdɛʃ]
Bélgica (f)	**Belgien** (n)	[ˈbɛlgiən]
Bielorrusia (f)	**Weißrussland** (n)	[ˈvaɪsˌʀʊslant]
Bolivia (f)	**Bolivien** (n)	[boˈliːviən]
Bosnia y Herzegovina	**Bosnien und Herzegowina** (n)	[ˈbɔsniən ʊnt ˌhɛʁtsəˈgoviːnaː]
Brasil (m)	**Brasilien** (n)	[bʀaˈziːliən]
Bulgaria (f)	**Bulgarien** (n)	[bʊlˈgaːʀiən]
Camboya (f)	**Kambodscha** (n)	[kamˈbɔdʒa]
Canadá (f)	**Kanada** (n)	[ˈkanada]
Chequia (f)	**Tschechien** (n)	[ˈtʃɛçiən]
Chile (m)	**Chile** (n)	[ˈtʃiːlə]
China (f)	**China** (n)	[ˈçiːna]
Chipre (m)	**Zypern** (n)	[ˈtsyːpɐn]
Colombia (f)	**Kolumbien** (n)	[koˈlʊmbiən]
Corea (f) del Norte	**Nordkorea** (n)	[ˈnɔʁtˌkoˈʀeːa]
Corea (f) del Sur	**Südkorea** (n)	[ˈzyːtkoˈʀeːa]
Croacia (f)	**Kroatien** (n)	[kʀoˈaːtsiən]
Cuba (f)	**Kuba** (n)	[ˈkuːba]

Dinamarca (f)	**Dänemark** (n)	[ˈdɛːnəˌmaʁk]
Ecuador (m)	**Ecuador** (n)	[ˌekuaˈdoːɐ]
Egipto (m)	**Ägypten** (n)	[ɛˈgʏptən]
Emiratos (m pl) Árabes Unidos	**Vereinigten Arabischen Emirate** (pl)	[fɛɐ̯ˈʔaɪnɪgən aˈʀaːbɪʃən emiˈʀaːtə]
Escocia (f)	**Schottland** (n)	[ˈʃɔtlant]
Eslovaquia (f)	**Slowakei** (f)	[slovaˈkaɪ]
Eslovenia	**Slowenien** (n)	[sloˈveːniən]
España (f)	**Spanien** (n)	[ˈʃpaːniən]
Estados Unidos de América	**Die Vereinigten Staaten**	[di fɛɐ̯ˈʔaɪnɪçtən ˈʃtaːtən]
Estonia (f)	**Estland** (n)	[ˈɛstlant]
Finlandia (f)	**Finnland** (n)	[ˈfɪnlant]
Francia (f)	**Frankreich** (n)	[ˈfʀaŋkʀaɪç]

100. Los países. Unidad 2

Georgia (f)	**Georgien** (n)	[ge'ɔʁgɪən]
Ghana (f)	**Ghana** (n)	['ga:na]
Gran Bretaña (f)	**Großbritannien** (n)	[gʁo:s·bʁi'tanɪən]
Grecia (f)	**Griechenland** (n)	['gʁi:çən‚lant]
Haití (m)	**Haiti** (n)	[ha'i:ti]
Hungría (f)	**Ungarn** (n)	['ʊŋgaʁn]
India (f)	**Indien** (n)	['ɪndɪən]
Indonesia (f)	**Indonesien** (n)	[ɪndo'ne:zɪən]
Inglaterra (f)	**England** (n)	['ɛŋlant]
Irak (m)	**Irak** (m, n)	[i'ʁa:k]
Irán (m)	**Iran** (m, n)	[i'ʁa:n]
Irlanda (f)	**Irland** (n)	['ɪʁlant]
Islandia (f)	**Island** (n)	['i:slant]
Islas (f pl) Bahamas	**Die Bahamas**	[di ba'ha:ma:s]
Israel (m)	**Israel** (n)	['ɪsʁae:l]
Italia (f)	**Italien** (n)	[i'ta:lɪən]
Jamaica (f)	**Jamaika** (n)	[ja'maɪka]
Japón (m)	**Japan** (n)	['ja:pan]
Jordania (f)	**Jordanien** (n)	[jɔʁ'da:nɪən]
Kazajstán (m)	**Kasachstan** (n)	['ka:zaχ‚sta:n]
Kenia (f)	**Kenia** (n)	['ke:nia]
Kirguizistán (m)	**Kirgisien** (n)	['kɪʁgi:zɪən]
Kuwait (m)	**Kuwait** (n)	[ku'vaɪt]
Laos (m)	**Laos** (n)	['la:ɔs]
Letonia (f)	**Lettland** (n)	['lɛtlant]
Líbano (m)	**Libanon** (m, n)	['li:banɔn]
Libia (f)	**Libyen** (n)	['li:byən]
Liechtenstein (m)	**Liechtenstein** (n)	['lɪçtən‚ʃtaɪn]
Lituania (f)	**Litauen** (n)	['lɪtauən]
Luxemburgo (m)	**Luxemburg** (n)	['lʊksəm‚bʊʁk]
Macedonia	**Makedonien** (n)	[makə'do:nɪən]
Madagascar (m)	**Madagaskar** (n)	[‚mada'gaskaʁ]
Malasia (f)	**Malaysia** (n)	[ma'laɪzɪa]
Malta (f)	**Malta** (n)	['malta]
Marruecos (m)	**Marokko** (n)	[‚ma'ʁɔko]
Méjico (m)	**Mexiko** (n)	['mɛksiko:]
Moldavia (f)	**Moldawien** (n)	[mɔl'da:vɪən]
Mónaco (m)	**Monaco** (n)	[mo'nako]
Mongolia (f)	**Mongolei** (f)	[‚mɔŋgo'laɪ]
Montenegro (m)	**Montenegro** (n)	[mɔnte'ne:gʁo]
Myanmar (m)	**Myanmar** (n)	['mɪanma:ɐ]

101. Los países. Unidad 3

Namibia (f)	Namibia (n)	[na'mi:bia]
Nepal (m)	Nepal (n)	['ne:pal]
Noruega (f)	Norwegen (n)	['nɔʁˌve:gən]
Nueva Zelanda (f)	Neuseeland (n)	[nɔɪ'ze:lant]
Países Bajos (m pl)	Niederlande (f)	['ni:dɐˌlandə]
Pakistán (m)	Pakistan (n)	['pa:kɪsta:n]
Palestina (f)	Palästina (n)	[palɛs'ti:na]
Panamá (f)	Panama (n)	['panama:]
Paraguay (m)	Paraguay (n)	['pa:ʁagvaɪ]
Perú (m)	Peru (n)	[pe'ʁu:]
Polinesia (f) Francesa	Französisch-Polynesien (n)	[fʁan'tsø:zɪʃ poly'ne:zɪən]
Polonia (f)	Polen (n)	['po:lən]
Portugal (m)	Portugal (n)	['pɔʁtugal]
República (f) Dominicana	Dominikanische Republik (f)	[dominiˌka:nɪʃə ʁepu'blik]
República (f) Sudafricana	Republik Südafrika (f)	[ʁepu'bli:k zy:tˌʔa:fʁika]
Rumania (f)	Rumänien (n)	[ʁu'mɛ:nɪən]
Rusia (f)	Russland (n)	['ʁʊslant]
Senegal (m)	Senegal (m)	['ze:negal]
Serbia (f)	Serbien (n)	['zɛʁbɪən]
Siria (f)	Syrien (n)	['zy:ʁɪən]
Suecia (f)	Schweden (n)	['ʃve:dən]
Suiza (f)	Schweiz (f)	[ʃvaɪts]
Surinam (m)	Suriname (n)	[syʁi'na:mə]
Tayikistán (m)	Tadschikistan (n)	[ta'dʒi:kɪsta:n]
Tailandia (f)	Thailand (n)	['taɪlant]
Taiwán (m)	Taiwan (n)	[taɪ'va:n]
Tanzania (f)	Tansania (n)	[tan'za:nɪa]
Tasmania (f)	Tasmanien (n)	[tas'ma:nɪən]
Túnez (m)	Tunesien (n)	[tu'ne:zɪən]
Turkmenistán (m)	Turkmenistan (n)	[tʊʁk'me:nɪsta:n]
Turquía (f)	Türkei (f)	[tʏʁ'kaɪ]
Ucrania (f)	Ukraine (f)	[ˌukʁa'i:nə]
Uruguay (m)	Uruguay (n)	['u:ʁugvaɪ]
Uzbekistán (m)	Usbekistan (n)	[ʊs'be:kɪsta:n]
Vaticano (m)	Vatikan (m)	[vati'ka:n]
Venezuela (f)	Venezuela (n)	[ˌvene'tsue:la]
Vietnam (m)	Vietnam (n)	[vɪɛt'nam]
Zanzíbar (m)	Sansibar (n)	['zanziba:ɐ]

T&P BOOKS

GLOSARIO
GASTRONÓMICO

Esta sección contiene una
gran cantidad de palabras y
términos asociados con la
comida. Este diccionario le hará
más fácil la comprensión
del menú de un restaurante y
la elección del plato adecuado

T&P Books Publishing

Español-Alemán glosario gastronómico

¡Que aproveche!	Guten Appetit!	[ˌgutən ˌʔapəˈtiːt]
abrebotellas (m)	Flaschenöffner (m)	[ˈflaʃənˌʔœfnɐ]
abrelatas (m)	Dosenöffner (m)	[ˈdoːzənˌʔœfnɐ]
aceite (m) de girasol	Sonnenblumenöl (n)	[ˈzɔnənbluːmənˌʔøːl]
aceite (m) de oliva	Olivenöl (n)	[oˈliːvənˌʔøːl]
aceite (m) vegetal	Pflanzenöl (n)	[ˈpflantsənˌʔøːl]
agua (f)	Wasser (n)	[ˈvasɐ]
agua (f) mineral	Mineralwasser (n)	[mineˈʀaːlˌvasɐ]
agua (f) potable	Trinkwasser (n)	[ˈtʀɪŋkˌvasɐ]
aguacate (m)	Avocado (f)	[avoˈkaːdo]
ahumado (adj)	geräuchert	[gəˈʀɔɪçɐt]
ajo (m)	Knoblauch (m)	[ˈknoːpˌlaʊx]
albahaca (f)	Basilikum (n)	[baˈziːlikʊm]
albaricoque (m)	Aprikose (f)	[ˌapʀiˈkoːzə]
alcachofa (f)	Artischocke (f)	[aʁtiˈʃɔkə]
alforfón (m)	Buchweizen (m)	[ˈbuːxˌvaɪtsən]
almendra (f)	Mandel (f)	[ˈmandəl]
almuerzo (m)	Mittagessen (n)	[ˈmɪtaːkˌʔɛsən]
amargo (adj)	bitter	[ˈbɪtɐ]
anís (m)	Anis (m)	[aˈniːs]
anguila (f)	Aal (m)	[aːl]
aperitivo (m)	Aperitif (m)	[apeʀiˈtiːf]
apetito (m)	Appetit (m)	[apeˈtiːt]
apio (m)	Sellerie (m)	[ˈzɛləʀi]
arándano (m)	Heidelbeere (f)	[ˈhaɪdəlˌbeːʀə]
arándano (m) agrio	Moosbeere (f)	[ˈmoːsˌbeːʀə]
arándano (m) rojo	Preiselbeere (f)	[ˈpʀaɪzəlˌbeːʀə]
arenque (m)	Hering (m)	[ˈheːʀɪŋ]
arroz (m)	Reis (m)	[ʀaɪs]
atún (m)	Tunfisch (m)	[ˈtuːnfɪʃ]
avellana (f)	Haselnuss (f)	[ˈhaːzəlˌnʊs]
avena (f)	Hafer (m)	[ˈhaːfɐ]
azúcar (m)	Zucker (m)	[ˈtsʊkɐ]
azafrán (m)	Safran (m)	[ˈzafʀan]
azucarado, dulce (adj)	süß	[zyːs]
bacalao (m)	Dorsch (m)	[dɔʁʃ]
banana (f)	Banane (f)	[baˈnaːnə]
bar (m)	Bar (f)	[baːɐ]
barman (m)	Barmixer (m)	[ˈbaːɐˌmɪksɐ]
batido (m)	Milchcocktail (m)	[ˈmɪlçˌkɔktɛɪl]
baya (f)	Beere (f)	[ˈbeːʀə]
bayas (f pl)	Beeren (pl)	[ˈbeːʀən]
bebida (f) sin alcohol	alkoholfreies Getränk (n)	[ˈalkohoːlˈfʀaɪəs gəˈtʀɛŋk]
bebidas (f pl) alcohólicas	Spirituosen (pl)	[ʃpiʀiˈtʊoːzən]

beicon (m)	**Schinkenspeck** (m)	[ˈʃɪŋkənˌʃpɛk]
berenjena (f)	**Aubergine** (f)	[ˌobɛʁˈʒiːnə]
bistec (m)	**Beefsteak** (n)	[ˈbiːfˌʃteːk]
bocadillo (m)	**belegtes Brot** (n)	[bəˈleːktəs bʁoːt]
boleto (m) áspero	**Birkenpilz** (m)	[ˈbɪʁkənˌpɪlts]
boleto (m) castaño	**Rotkappe** (f)	[ˈʁoːtˌkapə]
brócoli (m)	**Brokkoli** (m)	[ˈbʁɔkoli]
brema (f)	**Brachse** (f)	[ˈbʁaksə]
cóctel (m)	**Cocktail** (m)	[ˈkɔktɛɪl]
caballa (f)	**Makrele** (f)	[maˈkʁeːlə]
cacahuete (m)	**Erdnuss** (f)	[ˈeːɐtˌnʊs]
café (m)	**Kaffee** (m)	[ˈkafe]
café (m) con leche	**Milchkaffee** (m)	[ˈmɪlçˌkaˌfeː]
café (m) solo	**schwarzer Kaffee** (m)	[ˈʃvaʁtsə ˈkafe]
café (m) soluble	**Pulverkaffee** (m)	[ˈpʊlfeˌkafe]
calabacín (m)	**Zucchini** (f)	[tsʊˈkiːni]
calabaza (f)	**Kürbis** (m)	[ˈkʏʁbɪs]
calamar (m)	**Kalmar** (m)	[ˈkalmaʁ]
caldo (m)	**Brühe** (f), **Bouillon** (f)	[ˈbʁyːə], [bulˈjɔŋ]
caliente (adj)	**heiß**	[haɪs]
caloría (f)	**Kalorie** (f)	[kaloˈʁiː]
camarón (m)	**Garnele** (f)	[gaʁˈneːlə]
camarera (f)	**Kellnerin** (f)	[ˈkɛlnəʁɪn]
camarero (m)	**Kellner** (m)	[ˈkɛlnə]
canela (f)	**Zimt** (m)	[tsɪmt]
cangrejo (m) de mar	**Krabbe** (f)	[ˈkʁabə]
capuchino (m)	**Cappuccino** (m)	[ˌkapʊˈtʃiːno]
caramelo (m)	**Bonbon** (m, n)	[bɔŋˈbɔŋ]
carbohidratos (m pl)	**Kohlenhydrat** (n)	[ˈkoːlənhyˌdʁaːt]
carne (f)	**Fleisch** (n)	[flaɪʃ]
carne (f) de carnero	**Hammelfleisch** (n)	[ˈhaməlˌflaɪʃ]
carne (f) de cerdo	**Schweinefleisch** (n)	[ˈʃvaɪnəˌflaɪʃ]
carne (f) de ternera	**Kalbfleisch** (n)	[ˈkalpˌflaɪʃ]
carne (f) de vaca	**Rindfleisch** (n)	[ˈʁɪntˌflaɪʃ]
carne (f) picada	**Hackfleisch** (n)	[ˈhakˌflaɪʃ]
carpa (f)	**Karpfen** (m)	[ˈkaʁpfən]
carta (f) de vinos	**Weinkarte** (f)	[ˈvaɪnˌkaʁtə]
carta (f), menú (m)	**Speisekarte** (f)	[ˈʃpaɪzəˌkaʁtə]
caviar (m)	**Kaviar** (m)	[ˈkaːvɪaʁ]
caza (f) menor	**Wild** (n)	[vɪlt]
cebada (f)	**Gerste** (f)	[ˈgɛʁstə]
cebolla (f)	**Zwiebel** (f)	[ˈtsviːbəl]
cena (f)	**Abendessen** (n)	[ˈaːbəntˌʔɛsən]
centeno (m)	**Roggen** (m)	[ˈʁɔgən]
cereales (m pl)	**Getreidepflanzen** (pl)	[gəˈtʁaɪdəˌpflantsən]
cereales (m pl) integrales	**Grütze** (f)	[ˈgʁʏtsə]
cereza (f)	**Süßkirsche** (f)	[ˈzyːsˌkɪʁʃə]
cerveza (f)	**Bier** (n)	[biːɐ]
cerveza (f) negra	**Dunkelbier** (n)	[ˈdʊŋkəlˌbiːɐ]
cerveza (f) rubia	**Helles** (n)	[ˈhɛlɛs]
champaña (f)	**Champagner** (m)	[ʃamˈpanjɐ]
chicle (m)	**Kaugummi** (m, n)	[ˈkaʊˌgʊmi]

chocolate (m)	**Schokolade** (f)	[ʃokoˈlaːdə]
cilantro (m)	**Koriander** (m)	[koˈʀɪandə]
ciruela (f)	**Pflaume** (f)	[ˈpflaʊmə]
clara (f)	**Eiweiß** (n)	[ˈaɪvaɪs]
clavo (m)	**Nelke** (f)	[ˈnɛlkə]
coñac (m)	**Kognak** (m)	[ˈkɔnjak]
cocido en agua (adj)	**gekocht**	[gəˈkɔχt]
cocina (f)	**Küche** (f)	[ˈkʏçə]
col (f)	**Kohl** (m)	[koːl]
col (f) de Bruselas	**Rosenkohl** (m)	[ˈʀoːzənˌkoːl]
coliflor (f)	**Blumenkohl** (m)	[ˈbluːmənˌkoːl]
colmenilla (f)	**Morchel** (f)	[ˈmɔʀçəl]
comida (f)	**Essen** (n)	[ˈɛsən]
comino (m)	**Kümmel** (m)	[ˈkʏməl]
con gas	**mit Gas**	[mɪt gaːs]
con hielo	**mit Eis**	[mɪt aɪs]
condimento (m)	**Gewürz** (n)	[gəˈvʏʁts]
conejo (m)	**Kaninchenfleisch** (n)	[kaˈniːnçənˌflaɪʃ]
confitura (f)	**Marmelade** (f)	[ˌmaʁməˈlaːdə]
confitura (f)	**Konfitüre** (f)	[ˌkɔnfiˈtyːʀə]
congelado (adj)	**tiefgekühlt**	[ˈtiːfgəˌkyːlt]
conservas (f pl)	**Konserven** (pl)	[kɔnˈzɛʁvən]
copa (f) de vino	**Weinglas** (n)	[ˈvaɪnˌglaːs]
copos (m pl) de maíz	**Maisflocken** (pl)	[maɪsˈflokən]
crema (f) de mantequilla	**Buttercreme** (f)	[ˈbʊtəˌkʀɛːm]
crustáceos (m pl)	**Krebstiere** (pl)	[ˈkʀɛːpsˌtiːʀə]
cuchara (f)	**Löffel** (m)	[ˈlœfəl]
cuchara (f) de sopa	**Esslöffel** (m)	[ˈɛsˌlœfəl]
cucharilla (f)	**Teelöffel** (m)	[ˈteːˌlœfəl]
cuchillo (m)	**Messer** (n)	[ˈmɛsɐ]
cuenta (f)	**Rechnung** (f)	[ˈʀɛçnʊŋ]
dátil (m)	**Dattel** (f)	[ˈdatəl]
de chocolate (adj)	**Schokoladen-**	[ʃokoˈlaːdən]
desayuno (m)	**Frühstück** (n)	[ˈfʀyːʃtʏk]
dieta (f)	**Diät** (f)	[diˈɛːt]
eneldo (m)	**Dill** (m)	[dɪl]
ensalada (f)	**Salat** (m)	[zaˈlaːt]
entremés (m)	**Vorspeise** (f)	[ˈfoːɐˌʃpaɪzə]
espárrago (m)	**Spargel** (m)	[ˈʃpaʁgəl]
espagueti (m)	**Spaghetti** (pl)	[ʃpaˈgɛti]
especia (f)	**Gewürz** (n)	[gəˈvʏʁts]
espiga (f)	**Ähre** (f)	[ˈɛːʀə]
espinaca (f)	**Spinat** (m)	[ʃpiˈnaːt]
esturión (m)	**Störfleisch** (n)	[ˈʃtøːɐˌflaɪʃ]
fletán (m)	**Heilbutt** (m)	[ˈhaɪlbʊt]
fréjol (m)	**weiße Bohne** (f)	[ˈvaɪsə ˈboːnə]
frío (adj)	**kalt**	[kalt]
frambuesa (f)	**Himbeere** (f)	[ˈhɪmˌbeːʀə]
fresa (f)	**Erdbeere** (f)	[ˈeːɐˌbeːʀə]
fresa (f) silvestre	**Walderdbeere** (f)	[ˈvaltʔeːɐtˌbeːʀə]
frito (adj)	**gebraten**	[gəˈbʀaːtən]
fruto (m)	**Frucht** (f)	[fʀʊχt]

frutos (m pl)	Früchte (pl)	['fʀʏçtə]
gachas (f pl)	Brei (m)	[bʀaɪ]
galletas (f pl)	Keks (m, n)	[ke:ks]
gallina (f)	Hühnerfleisch (n)	['hy:nɐ‚flaɪʃ]
ganso (m)	Gans (f)	[gans]
gaseoso (adj)	mit Kohlensäure	[mɪt 'ko:lən‚zɔɪʀə]
ginebra (f)	Gin (m)	[dʒɪn]
gofre (m)	Waffeln (pl)	[vafəln]
granada (f)	Granatapfel (m)	[gʀa'na:t‚ʔapfəl]
grano (m)	Getreide (n)	[gə'tʀaɪdə]
grasas (f pl)	Fett (n)	[fɛt]
grosella (f) espinosa	Stachelbeere (f)	['ʃtaxəl‚be:ʀə]
grosella (f) negra	schwarze Johannisbeere (f)	['ʃvaʀtsə jo:'hanɪsbe:ʀə]
grosella (f) roja	rote Johannisbeere (f)	['ʀo:tə jo:'hanɪsbe:ʀə]
guarnición (f)	Beilage (f)	['baɪ‚la:gə]
guinda (f)	Sauerkirsche (f)	['zaʊɐ‚kɪʀʃə]
guisante (m)	Erbse (f)	['ɛʀpsə]
hígado (m)	Leber (f)	['le:bɐ]
habas (f pl)	Bohnen (pl)	['bo:nən]
hamburguesa (f)	Hamburger (m)	['ham‚bʊʀgɐ]
harina (f)	Mehl (n)	[me:l]
helado (m)	Eis (n)	[aɪs]
hielo (m)	Eis (n)	[aɪs]
higo (m)	Feige (f)	['faɪgə]
hoja (f) de laurel	Lorbeerblatt (n)	['lɔʀbe:ɐ‚blat]
huevo (m)	Ei (n)	[aɪ]
huevos (m pl)	Eier (pl)	['aɪɐ]
huevos (m pl) fritos	Spiegelei (n)	['ʃpi:gəl‚ʔaɪ]
jamón (m)	Schinken (m)	['ʃɪŋkən]
jamón (m) fresco	Räucherschinken (m)	['ʀɔɪçɐ‚ʃɪŋkən]
jengibre (m)	Ingwer (m)	['ɪŋvɐ]
jugo (m) de tomate	Tomatensaft (m)	[to'ma:tən‚zaft]
kiwi (m)	Kiwi, Kiwifrucht (f)	['ki:vi], ['ki:vi‚fʀʊxt]
langosta (f)	Languste (f)	[laŋ'gʊstə]
leche (f)	Milch (f)	[mɪlç]
leche (f) condensada	Kondensmilch (f)	[kɔn'dɛns‚mɪlç]
lechuga (f)	Kopf Salat (m)	[kɔpf za'la:t]
legumbres (f pl)	Gemüse (n)	[gə'my:zə]
lengua (f)	Zunge (f)	['tsʊŋə]
lenguado (m)	Scholle (f)	['ʃɔlə]
lenteja (f)	Linse (f)	['lɪnzə]
licor (m)	Likör (m)	[li'kø:ɐ]
limón (m)	Zitrone (f)	[tsi'tʀo:nə]
limonada (f)	Limonade (f)	[limo'na:də]
loncha (f)	Scheibchen (n)	['ʃaɪpçən]
lucio (m)	Hecht (m)	[hɛçt]
lucioperca (f)	Zander (m)	['tsandɐ]
maíz (m)	Mais (m)	['maɪs]
maíz (m)	Mais (m)	['maɪs]
macarrones (m pl)	Teigwaren (pl)	['taɪk‚va:ʀən]
mandarina (f)	Mandarine (f)	[‚manda'ʀi:nə]

mango (m)	**Mango** (f)	['maŋgo]
mantequilla (f)	**Butter** (f)	['butɐ]
manzana (f)	**Apfel** (m)	['apfəl]
margarina (f)	**Margarine** (f)	[maʁga'ʁiːnə]
marinado (adj)	**mariniert**	[maʁi'niːɐt]
mariscos (m pl)	**Meeresfrüchte** (pl)	['meːʁəsˌfʁʏçtə]
matamoscas (m)	**Fliegenpilz** (m)	['fliːgənˌpɪlts]
mayonesa (f)	**Mayonnaise** (f)	[majo'nɛːzə]
melón (m)	**Melone** (f)	[me'loːnə]
melocotón (m)	**Pfirsich** (m)	['pfɪʁzɪç]
mermelada (f)	**Marmelade** (f)	[ˌmaʁmə'laːdə]
miel (f)	**Honig** (m)	['hoːnɪç]
miga (f)	**Krümel** (m)	['kʁyːməl]
mijo (m)	**Hirse** (f)	['hɪʁzə]
mini tarta (f)	**Kuchen** (m)	['kuːχən]
mondadientes (m)	**Zahnstocher** (m)	['tsaːnˌʃtoχɐ]
mostaza (f)	**Senf** (m)	[zɛnf]
nabo (m)	**Rübe** (f)	['ʁyːbə]
naranja (f)	**Apfelsine** (f)	[apfəl'ziːnə]
nata (f) agria	**saure Sahne** (f)	['zaʊʁə 'zaːnə]
nata (f) líquida	**Sahne** (f)	['zaːnə]
nuez (f)	**Walnuss** (f)	['valˌnʊs]
nuez (f) de coco	**Kokosnuss** (f)	['koːkɔsˌnʊs]
olivas, aceitunas (f pl)	**Oliven** (pl)	[o'liːvən]
oronja (f) verde	**Grüner Knollenblätterpilz** (m)	['gʁyːnɐ 'knɔlən·blɛtɐˌpɪlts]
ostra (f)	**Auster** (f)	['aʊstɐ]
pan (m)	**Brot** (n)	[bʁoːt]
papaya (f)	**Papaya** (f)	[pa'paːja]
paprika (f)	**Paprika** (m)	['papʁika]
pasas (f pl)	**Rosinen** (pl)	[ʁo'ziːnən]
pasteles (m pl)	**Konditorwaren** (pl)	[kɔn'ditoːɐˌvaːʁən]
paté (m)	**Pastete** (f)	[pas'teːtə]
patata (f)	**Kartoffel** (f)	[kaʁ'tɔfəl]
pato (m)	**Ente** (f)	['ɛntə]
pava (f)	**Pute** (f)	['puːtə]
pedazo (m)	**Stück** (n)	[ʃtʏk]
pepino (m)	**Gurke** (f)	['gʊʁkə]
pera (f)	**Birne** (f)	['bɪʁnə]
perca (f)	**Barsch** (m)	[baʁʃ]
perejil (m)	**Petersilie** (f)	[pete'ziːliə]
pescado (m)	**Fisch** (m)	[fɪʃ]
piña (f)	**Ananas** (f)	['ananas]
piel (f)	**Schale** (f)	['ʃaːlə]
pimienta (f) negra	**schwarzer Pfeffer** (m)	['ʃvaʁtsɐ 'pfɛfɐ]
pimienta (f) roja	**roter Pfeffer** (m)	['ʁoːtɐ 'pfɛfɐ]
pimiento (m) dulce	**Paprika** (m)	['papʁika]
pistachos (m pl)	**Pistazien** (pl)	[pɪs'taːtsɪən]
pizza (f)	**Pizza** (f)	['pɪtsa]
platillo (m)	**Untertasse** (f)	['ʊntɐˌtasə]
plato (m)	**Gericht** (n)	[gə'ʁɪçt]
plato (m)	**Teller** (m)	['tɛlɐ]

pomelo (m)	**Grapefruit** (f)	[ˈɡʀɛɪpˌfʀuːt]
porción (f)	**Portion** (f)	[pɔʁˈtsjoːn]
postre (m)	**Nachtisch** (m)	[ˈnaːχˌtɪʃ]
propina (f)	**Trinkgeld** (n)	[ˈtʀɪŋkˌɡɛlt]
proteínas (f pl)	**Protein** (n)	[pʀoteˈiːn]
pudin (m)	**Pudding** (m)	[ˈpʊdɪŋ]
puré (m) de patatas	**Kartoffelpüree** (n)	[kaʁˈtɔfəlˌpyˌʀeː]
queso (m)	**Käse** (m)	[ˈkɛːzə]
rábano (m)	**Radieschen** (n)	[ʀaˈdiːsçən]
rábano (m) picante	**Meerrettich** (m)	[ˈmeːɐ̯ˌʀɛtɪç]
rúsula (f)	**Täubling** (m)	[ˈtɔyplɪŋ]
rebozuelo (m)	**Pfifferling** (m)	[ˈpfɪfɐlɪŋ]
receta (f)	**Rezept** (n)	[ʀeˈtsɛpt]
refresco (m)	**Erfrischungsgetränk** (n)	[ɛɐ̯ˈfʀɪʃʊŋsˌɡəˌtʀɛŋk]
regusto (m)	**Beigeschmack** (m)	[ˈbaɪɡəˌʃmak]
relleno (m)	**Füllung** (f)	[ˈfʏlʊŋ]
remolacha (f)	**Rote Bete** (f)	[ˌʀoːtəˈbeːtə]
ron (m)	**Rum** (m)	[ʀʊm]
sésamo (m)	**Sesam** (m)	[ˈzeːzam]
sabor (m)	**Geschmack** (m)	[ɡəˈʃmak]
sabroso (adj)	**lecker**	[ˈlɛkɐ]
sacacorchos (m)	**Korkenzieher** (m)	[ˈkɔʁkənˌtsiːɐ]
sal (f)	**Salz** (n)	[zalts]
salado (adj)	**salzig**	[ˈzaltsɪç]
salchichón (m)	**Wurst** (f)	[vʊʁst]
salchicha (f)	**Würstchen** (n)	[ˈvʏʁstçən]
salmón (m)	**Lachs** (m)	[laks]
salmón (m) del Atlántico	**atlantische Lachs** (m)	[atˈlantɪʃə laks]
salsa (f)	**Soße** (f)	[ˈzoːsə]
sandía (f)	**Wassermelone** (f)	[ˈvasɐmeˌloːnə]
sardina (f)	**Sardine** (f)	[zaʁˈdiːnə]
seco (adj)	**getrocknet**	[ɡəˈtʀɔknət]
seta (f)	**Pilz** (m)	[pɪlts]
seta (f) comestible	**essbarer Pilz** (m)	[ˈɛsbaːʀɐ pɪlts]
seta (f) venenosa	**Giftpilz** (m)	[ˈɡɪftˌpɪlts]
seta calabaza (f)	**Steinpilz** (m)	[ˈʃtaɪnˌpɪlts]
siluro (m)	**Wels** (m)	[vɛls]
sin alcohol	**alkoholfrei**	[ˈalkohoːlˌfʀaɪ]
sin gas	**still**	[ʃtɪl]
sopa (f)	**Suppe** (f)	[ˈzʊpə]
soya (f)	**Sojabohne** (f)	[ˈzoːjaˌboːnə]
té (m)	**Tee** (m)	[teː]
té (m) negro	**schwarzer Tee** (m)	[ˈʃvaʁtsɐ teː]
té (m) verde	**grüner Tee** (m)	[ˈɡʀyːnɐ teː]
tallarines (m pl)	**Nudeln** (pl)	[ˈnuːdəln]
tarta (f)	**Torte** (f)	[ˈtɔʁtə]
tarta (f)	**Kuchen** (m)	[ˈkuːχən]
taza (f)	**Tasse** (f)	[ˈtasə]
tenedor (m)	**Gabel** (f)	[ˈɡaːbəl]
tiburón (m)	**Hai** (m)	[haɪ]
tomate (m)	**Tomate** (f)	[toˈmaːtə]
tortilla (f) francesa	**Omelett** (n)	[ɔmˈlɛt]

trigo (m)	**Weizen** (m)	['vaɪtsən]
trucha (f)	**Forelle** (f)	[ˌfoˈʀɛlə]
uva (f)	**Weintrauben** (pl)	['vaɪnˌtʀaʊbən]
vaso (m)	**Wasserglas** (n)	['vasɐˌglaːs]
vegetariano (adj)	**vegetarisch**	[vegeˈtaːʀɪʃ]
vegetariano (m)	**Vegetarier** (m)	[vegeˈtaːʀiɐ]
verduras (f pl)	**grünes Gemüse** (pl)	['gʀyːnəs gəˈmyːzə]
vermú (m)	**Wermut** (m)	['veːɐmuːt]
vinagre (m)	**Essig** (m)	['ɛsɪç]
vino (m)	**Wein** (m)	[vaɪn]
vino (m) blanco	**Weißwein** (m)	['vaɪsˌvaɪn]
vino (m) tinto	**Rotwein** (m)	['ʀoːtˌvaɪn]
vitamina (f)	**Vitamin** (n)	[vitaˈmiːn]
vodka (m)	**Wodka** (m)	['vɔtka]
whisky (m)	**Whisky** (m)	['vɪski]
yema (f)	**Eigelb** (n)	['aɪgɛlp]
yogur (m)	**Joghurt** (m, f)	['joːgʊɐt]
zanahoria (f)	**Karotte** (f)	[kaˈʀɔtə]
zarzamoras (f pl)	**Brombeere** (f)	['bʀɔmˌbeːʀə]
zumo (m) de naranja	**Orangensaft** (m)	[oˈʀaːŋənˌzaft]
zumo (m) fresco	**frisch gepresster Saft** (m)	[fʀɪʃ gəˈpʀɛstə zaft]
zumo (m), jugo (m)	**Saft** (m)	[zaft]

Alemán-Español glosario gastronómico

Alemán	Pronunciación	Español
Ähre (f)	['ɛːʀə]	espiga (f)
Aal (m)	[aːl]	anguila (f)
Abendessen (n)	['aːbənt͜ʔɛsən]	cena (f)
alkoholfrei	['alkohoːlˈfʀaɪ]	sin alcohol
alkoholfreies Getränk (n)	['alkohoːlˈfʀaɪəs gəˈtʀɛŋk]	bebida (f) sin alcohol
Ananas (f)	['ananas]	piña (f)
Anis (m)	[aˈniːs]	anís (m)
Aperitif (m)	[apeʀiˈtiːf]	aperitivo (m)
Apfel (m)	['apfəl]	manzana (f)
Apfelsine (f)	[apfəlˈziːnə]	naranja (f)
Appetit (m)	[apeˈtiːt]	apetito (m)
Aprikose (f)	[ˌapʀiˈkoːzə]	albaricoque (m)
Artischocke (f)	[aʁtiˈʃɔkə]	alcachofa (f)
atlantische Lachs (m)	[atˈlantɪʃə laks]	salmón (m) del Atlántico
Aubergine (f)	[ˌobɛʁˈʒiːnə]	berenjena (f)
Auster (f)	['aʊstɐ]	ostra (f)
Avocado (f)	[avoˈkaːdo]	aguacate (m)
Banane (f)	[baˈnaːnə]	banana (f)
Bar (f)	[baːɐ]	bar (m)
Barmixer (m)	['baːɐˌmɪksɐ]	barman (m)
Barsch (m)	[baʁʃ]	perca (f)
Basilikum (n)	[baˈziːlikʊm]	albahaca (f)
Beefsteak (n)	['biːfˌʃteːk]	bistec (m)
Beere (f)	['beːʀə]	baya (f)
Beeren (pl)	['beːʀən]	bayas (f pl)
Beigeschmack (m)	['baɪgəˌʃmak]	regusto (m)
Beilage (f)	['baɪˌlaːgə]	guarnición (f)
belegtes Brot (n)	[bəˈleːktəs bʀoːt]	bocadillo (m)
Bier (n)	[biːɐ]	cerveza (f)
Birkenpilz (m)	['bɪʁkənˌpɪlts]	boleto (m) áspero
Birne (f)	['bɪʁnə]	pera (f)
bitter	['bɪtɐ]	amargo (adj)
Blumenkohl (m)	['bluːmənˌkoːl]	coliflor (f)
Bohnen (pl)	['boːnən]	habas (f pl)
Bonbon (m, n)	[bɔŋˈbɔŋ]	caramelo (m)
Brühe (f), Bouillon (f)	['bʀyːə], [bulˈjɔŋ]	caldo (m)
Brachse (f)	['bʀaksə]	brema (f)
Brei (m)	[bʀaɪ]	gachas (f pl)
Brokkoli (m)	['bʀɔkoli]	brócoli (m)
Brombeere (f)	['bʀɔmˌbeːʀə]	zarzamoras (f pl)
Brot (n)	[bʀoːt]	pan (m)
Buchweizen (m)	['buːχˌvaɪtsən]	alforfón (m)
Butter (f)	['bʊtɐ]	mantequilla (f)
Buttercreme (f)	['bʊtɐˌkʀɛːm]	crema (f) de mantequilla

Cappuccino (m)	[ˌkapʊˈtʃiːno]	capuchino (m)
Champagner (m)	[ʃamˈpanjɐ]	champaña (f)
Cocktail (m)	[ˈkɔktɛɪl]	cóctel (m)
Dattel (f)	[ˈdatəl]	dátil (m)
Diät (f)	[diˈɛːt]	dieta (f)
Dill (m)	[dɪl]	eneldo (m)
Dorsch (m)	[dɔʁʃ]	bacalao (m)
Dosenöffner (m)	[ˈdoːzənˌʔœfnɐ]	abrelatas (m)
Dunkelbier (n)	[ˈdʊŋkəlˌbiːɐ]	cerveza (f) negra
Ei (n)	[aɪ]	huevo (m)
Eier (pl)	[ˈaɪɐ]	huevos (m pl)
Eigelb (n)	[ˈaɪɡɛlp]	yema (f)
Eis (n)	[aɪs]	hielo (m)
Eis (n)	[aɪs]	helado (m)
Eiweiß (n)	[ˈaɪvaɪs]	clara (f)
Ente (f)	[ˈɛntə]	pato (m)
Erbse (f)	[ˈɛʁpsə]	guisante (m)
Erdbeere (f)	[ˈeːɐtˌbeːʁə]	fresa (f)
Erdnuss (f)	[ˈeːɐtˌnʊs]	cacahuete (m)
Erfrischungsgetränk (n)	[ɛɐˈfrɪʃʊŋsˌɡəˌtʁɛŋk]	refresco (m)
essbarer Pilz (m)	[ˈɛsbaːʁɐ pɪlts]	seta (f) comestible
Essen (n)	[ˈɛsən]	comida (f)
Essig (m)	[ˈɛsɪç]	vinagre (m)
Esslöffel (m)	[ˈɛsˌlœfəl]	cuchara (f) de sopa
Füllung (f)	[ˈfʏlʊŋ]	relleno (m)
Feige (f)	[ˈfaɪɡə]	higo (m)
Fett (n)	[fɛt]	grasas (f pl)
Fisch (m)	[fɪʃ]	pescado (m)
Flaschenöffner (m)	[ˈflaʃənˌʔœfnɐ]	abrebotellas (m)
Fleisch (n)	[flaɪʃ]	carne (f)
Fliegenpilz (m)	[ˈfliːɡənˌpɪlts]	matamoscas (m)
Forelle (f)	[ˌfoˈʁɛlə]	trucha (f)
Früchte (pl)	[ˈfʁʏçtə]	frutos (m pl)
Frühstück (n)	[ˈfʁyːˌʃtʏk]	desayuno (m)
frisch gepresster Saft (m)	[fʁɪʃ ɡəˈpʁɛstə zaft]	zumo (m) fresco
Frucht (f)	[fʁʊxt]	fruto (m)
Gabel (f)	[ɡaːbəl]	tenedor (m)
Gans (f)	[ɡans]	ganso (m)
Garnele (f)	[ɡaʁˈneːlə]	camarón (m)
gebraten	[ɡəˈbʁaːtən]	frito (adj)
gekocht	[ɡəˈkɔxt]	cocido en agua (adj)
Gemüse (n)	[ɡəˈmyːzə]	legumbres (f pl)
geräuchert	[ɡəˈʁɔɪçɐt]	ahumado (adj)
Gericht (n)	[ɡəˈʁɪçt]	plato (m)
Gerste (f)	[ˈɡɛʁstə]	cebada (f)
Geschmack (m)	[ɡəˈʃmak]	sabor (m)
Getreide (n)	[ɡəˈtʁaɪdə]	grano (m)
Getreidepflanzen (pl)	[ɡəˈtʁaɪdəˌpflantsən]	cereales (m pl)
getrocknet	[ɡəˈtʁɔknət]	seco (adj)
Gewürz (n)	[ɡəˈvʏʁts]	condimento (m)
Gewürz (n)	[ɡəˈvʏʁts]	especia (f)
Giftpilz (m)	[ˈɡɪftˌpɪlts]	seta (f) venenosa

Gin (m)	[dʒɪn]	ginebra (f)
Grüner Knollenblätterpilz (m)	[ˈgʀyːnɐ ˈknɔlən·blɛtə͜pɪlts]	oronja (f) verde
grüner Tee (m)	[ˈgʀyːnɐ teː]	té (m) verde
grünes Gemüse (pl)	[ˈgʀyːnəs gəˈmyːzə]	verduras (f pl)
Grütze (f)	[ˈgʀʏtsə]	cereales (m pl) integrales
Granatapfel (m)	[gʀaˈnaːt͜ʔapfəl]	granada (f)
Grapefruit (f)	[ˈgʀɛɪp͜fʀuːt]	pomelo (m)
Gurke (f)	[ˈgʊʀkə]	pepino (m)
Guten Appetit!	[ˌguːtən ˌʔapəˈtiːt]	¡Que aproveche!
Hühnerfleisch (n)	[ˈhyːnɐˌflaɪʃ]	gallina (f)
Hackfleisch (n)	[ˈhakˌflaɪʃ]	carne (f) picada
Hafer (m)	[ˈhaːfɐ]	avena (f)
Hai (m)	[haɪ]	tiburón (m)
Hamburger (m)	[ˈhamˌbʊʀgɐ]	hamburguesa (f)
Hammelfleisch (n)	[ˈhaməlˌflaɪʃ]	carne (f) de carnero
Haselnuss (f)	[ˈhaːzəlˌnʊs]	avellana (f)
Hecht (m)	[hɛçt]	lucio (m)
heiß	[haɪs]	caliente (adj)
Heidelbeere (f)	[ˈhaɪdəlˌbeːʀə]	arándano (m)
Heilbutt (m)	[ˈhaɪlbʊt]	fletán (m)
Helles (n)	[ˈhɛlɛs]	cerveza (f) rubia
Hering (m)	[ˈheːʀɪŋ]	arenque (m)
Himbeere (f)	[ˈhɪmˌbeːʀə]	frambuesa (f)
Hirse (f)	[ˈhɪʀzə]	mijo (m)
Honig (m)	[ˈhoːnɪç]	miel (f)
Ingwer (m)	[ˈɪŋvɐ]	jengibre (m)
Joghurt (m, f)	[ˈjoːgʊʀt]	yogur (m)
Käse (m)	[ˈkɛːzə]	queso (m)
Küche (f)	[ˈkʏçə]	cocina (f)
Kümmel (m)	[ˈkʏməl]	comino (m)
Kürbis (m)	[ˈkʏʀbɪs]	calabaza (f)
Kaffee (m)	[ˈkafe]	café (m)
Kalbfleisch (n)	[ˈkalpˌflaɪʃ]	carne (f) de ternera
Kalmar (m)	[ˈkalmaʀ]	calamar (m)
Kalorie (f)	[kaloˈʀiː]	caloría (f)
kalt	[kalt]	frío (adj)
Kaninchenfleisch (n)	[kaˈniːnçənˌflaɪʃ]	conejo (m)
Karotte (f)	[kaˈʀɔtə]	zanahoria (f)
Karpfen (m)	[ˈkaʀpfən]	carpa (f)
Kartoffel (f)	[kaʀˈtɔfəl]	patata (f)
Kartoffelpüree (n)	[kaʀˈtɔfəl·pyˌʀeː]	puré (m) de patatas
Kaugummi (m, n)	[ˈkaʊˌgʊmi]	chicle (m)
Kaviar (m)	[ˈkaːvɪaʀ]	caviar (m)
Keks (m, n)	[keːks]	galletas (f pl)
Kellner (m)	[ˈkɛlnɐ]	camarero (m)
Kellnerin (f)	[ˈkɛlnəʀɪn]	camarera (f)
Kiwi, Kiwifrucht (f)	[ˈkiːvi], [ˈkiːviˌfʀʊxt]	kiwi (m)
Knoblauch (m)	[ˈknoːpˌlaʊx]	ajo (m)
Kognak (m)	[ˈkɔnjak]	coñac (m)
Kohl (m)	[koːl]	col (f)
Kohlenhydrat (n)	[ˈkoːlənhyˌdʀaːt]	carbohidratos (m pl)

Kokosnuss (f)	['koːkɔsˌnʊs]	nuez (f) de coco
Kondensmilch (f)	[kɔn'dɛnsˌmɪlç]	leche (f) condensada
Konditorwaren (pl)	[kɔn'diːtoːɐˌvaːʀən]	pasteles (m pl)
Konfitüre (f)	[ˌkɔnfi'tyːʀə]	confitura (f)
Konserven (pl)	[kɔn'zɛʀvən]	conservas (f pl)
Kopf Salat (m)	[kɔpf za'laːt]	lechuga (f)
Koriander (m)	[ko'ʀɪandə]	cilantro (m)
Korkenzieher (m)	['kɔʀkənˌtsiːɐ]	sacacorchos (m)
Krümel (m)	['kʀyːməl]	miga (f)
Krabbe (f)	['kʀabə]	cangrejo (m) de mar
Krebstiere (pl)	['kʀeːpsˌtiːʀə]	crustáceos (m pl)
Kuchen (m)	['kuːxən]	mini tarta (f)
Kuchen (m)	['kuːxən]	tarta (f)
Löffel (m)	['lœfəl]	cuchara (f)
Lachs (m)	[laks]	salmón (m)
Languste (f)	[laŋ'gʊstə]	langosta (f)
Leber (f)	['leːbə]	hígado (m)
lecker	['lɛkə]	sabroso (adj)
Likör (m)	[li'køːɐ]	licor (m)
Limonade (f)	[limo'naːdə]	limonada (f)
Linse (f)	['lɪnzə]	lenteja (f)
Lorbeerblatt (n)	['lɔʀbeːɐˌblat]	hoja (f) de laurel
Mais (m)	['maɪs]	maíz (m)
Mais (m)	['maɪs]	maíz (m)
Maisflocken (pl)	[maɪs'flɔkən]	copos (m pl) de maíz
Makrele (f)	[ma'kʀeːlə]	caballa (f)
Mandarine (f)	[ˌmanda'ʀiːnə]	mandarina (f)
Mandel (f)	['mandəl]	almendra (f)
Mango (f)	['maŋgo]	mango (m)
Margarine (f)	[maʀga'ʀiːnə]	margarina (f)
mariniert	[maʀi'niːɐt]	marinado (adj)
Marmelade (f)	[ˌmaʀmə'laːdə]	confitura (f)
Marmelade (f)	[ˌmaʀmə'laːdə]	mermelada (f)
Mayonnaise (f)	[majɔ'nɛːzə]	mayonesa (f)
Meeresfrüchte (pl)	['meːʀəsˌfʀʏçtə]	mariscos (m pl)
Meerrettich (m)	['meːɐˌʀɛtɪç]	rábano (m) picante
Mehl (n)	[meːl]	harina (f)
Melone (f)	[me'loːnə]	melón (m)
Messer (n)	['mɛsə]	cuchillo (m)
Milch (f)	[mɪlç]	leche (f)
Milchcocktail (m)	['mɪlçˌkɔkteɪl]	batido (m)
Milchkaffee (m)	['mɪlçˌka'feː]	café (m) con leche
Mineralwasser (n)	[mine'ʀaːlˌvasə]	agua (f) mineral
mit Eis	[mɪt aɪs]	con hielo
mit Gas	[mɪt gaːs]	con gas
mit Kohlensäure	[mɪt 'koːlənˌzɔɪʀə]	gaseoso (adj)
Mittagessen (n)	['mɪtaːkˌʔɛsən]	almuerzo (m)
Moosbeere (f)	['moːsˌbeːʀə]	arándano (m) agrio
Morchel (f)	['mɔʀçəl]	colmenilla (f)
Nachtisch (m)	['naːxˌtɪʃ]	postre (m)
Nelke (f)	['nɛlkə]	clavo (m)
Nudeln (pl)	['nuːdəln]	tallarines (m pl)

Oliven (pl)	[o'li:vən]	olivas, aceitunas (f pl)
Olivenöl (n)	[o'li:vən,ʔø:l]	aceite (m) de oliva
Omelett (n)	[ɔm'lɛt]	tortilla (f) francesa
Orangensaft (m)	[o'ʀaːŋɡən,zaft]	zumo (m) de naranja
Papaya (f)	[pa'pa:ja]	papaya (f)
Paprika (m)	['papʁika]	pimiento (m) dulce
Paprika (m)	['papʁika]	paprika (f)
Pastete (f)	[pas'te:tə]	paté (m)
Petersilie (f)	[petə'zi:lɪə]	perejil (m)
Pfifferling (m)	['pfɪfəlɪŋ]	rebozuelo (m)
Pfirsich (m)	['pfɪʁzɪç]	melocotón (m)
Pflanzenöl (n)	['pflantsən,ʔø:l]	aceite (m) vegetal
Pflaume (f)	['pflaʊmə]	ciruela (f)
Pilz (m)	[pɪlts]	seta (f)
Pistazien (pl)	[pɪs'ta:tsɪən]	pistachos (m pl)
Pizza (f)	['pɪtsa]	pizza (f)
Portion (f)	[pɔʁ'tsjo:n]	porción (f)
Preiselbeere (f)	['pʀaɪzəl,be:ʀə]	arándano (m) rojo
Protein (n)	[pʀote'i:n]	proteínas (f pl)
Pudding (m)	['pʊdɪŋ]	pudin (m)
Pulverkaffee (m)	['pʊlfɐ,kafe]	café (m) soluble
Pute (f)	['pu:tə]	pava (f)
Räucherschinken (m)	['ʀɔɪçɐ,ʃɪŋkən]	jamón (m) fresco
Rübe (f)	['ʀy:bə]	nabo (m)
Radieschen (n)	[ʀa'di:sçən]	rábano (m)
Rechnung (f)	['ʀɛçnʊŋ]	cuenta (f)
Reis (m)	[ʀaɪs]	arroz (m)
Rezept (n)	[ʀe'tsɛpt]	receta (f)
Rindfleisch (n)	['ʀɪnt,flaɪʃ]	carne (f) de vaca
Roggen (m)	['ʀɔɡən]	centeno (m)
Rosenkohl (m)	['ʀo:zən,ko:l]	col (f) de Bruselas
Rosinen (pl)	[ʀo'zi:nən]	pasas (f pl)
Rote Bete (f)	[,ʀo:tə'be:tə]	remolacha (f)
rote Johannisbeere (f)	['ʀo:tə jo:'hanɪsbe:ʀə]	grosella (f) roja
roter Pfeffer (m)	['ʀo:tɐ 'pfɛfɐ]	pimienta (f) roja
Rotkappe (f)	['ʀo:t,kapə]	boleto (m) castaño
Rotwein (m)	['ʀo:t,vaɪn]	vino (m) tinto
Rum (m)	[ʀʊm]	ron (m)
süß	[zy:s]	azucarado, dulce (adj)
Süßkirsche (f)	['zy:s,kɪʁʃə]	cereza (f)
Safran (m)	['zafʀan]	azafrán (m)
Saft (m)	[zaft]	zumo (m), jugo (m)
Sahne (f)	['za:nə]	nata (f) líquida
Salat (m)	[za'la:t]	ensalada (f)
Salz (n)	[zalts]	sal (f)
salzig	['zaltsɪç]	salado (adj)
Sardine (f)	[zaʁ'di:nə]	sardina (f)
Sauerkirsche (f)	['zaʊɐ,kɪʁʃə]	guinda (f)
saure Sahne (f)	['zaʊʀə 'za:nə]	nata (f) agria
Schale (f)	['ʃa:lə]	piel (f)
Scheibchen (n)	['ʃaɪpçən]	loncha (f)
Schinken (m)	['ʃɪŋkən]	jamón (m)

Schinkenspeck (m)	[ˈʃɪŋkənʃpɛk]	beicon (m)
Schokolade (f)	[ʃokoˈlaːdə]	chocolate (m)
Schokoladen-	[ʃokoˈlaːdən]	de chocolate (adj)
Scholle (f)	[ˈʃɔlə]	lenguado (m)
schwarze Johannisbeere (f)	[ˈʃvaʁtsə joːˈhanɪsbeːʁə]	grosella (f) negra
schwarzer Kaffee (m)	[ˈʃvaʁtsə ˈkafe]	café (m) solo
schwarzer Pfeffer (m)	[ˈʃvaʁtsə ˈpfɛfe]	pimienta (f) negra
schwarzer Tee (m)	[ˈʃvaʁtsə ˈteː]	té (m) negro
Schweinefleisch (n)	[ˈʃvaɪnəˌflaɪʃ]	carne (f) de cerdo
Sellerie (m)	[ˈzɛləʁi]	apio (m)
Senf (m)	[zɛnf]	mostaza (f)
Sesam (m)	[ˈzeːzam]	sésamo (m)
Soße (f)	[ˈzoːsə]	salsa (f)
Sojabohne (f)	[ˈzoːjaˌboːnə]	soya (f)
Sonnenblumenöl (n)	[ˈzɔnənbluːmənˌʔøːl]	aceite (m) de girasol
Spaghetti (pl)	[ʃpaˈgɛti]	espagueti (m)
Spargel (m)	[ˈʃpaʁgəl]	espárrago (m)
Speisekarte (f)	[ˈʃpaɪzəˌkaʁtə]	carta (f), menú (m)
Spiegelei (n)	[ˈʃpiːgəlˌʔaɪ]	huevos (m pl) fritos
Spinat (m)	[ʃpiˈnaːt]	espinaca (f)
Spirituosen (pl)	[ʃpiʁiˈtʊoːzən]	bebidas (f pl) alcohólicas
Störfleisch (n)	[ˈʃtøːɐˌflaɪʃ]	esturión (m)
Stück (n)	[ʃtʏk]	pedazo (m)
Stachelbeere (f)	[ˈʃtaxəlˌbeːʁə]	grosella (f) espinosa
Steinpilz (m)	[ˈʃtaɪnˌpɪlts]	seta calabaza (f)
still	[ʃtɪl]	sin gas
Suppe (f)	[ˈzʊpə]	sopa (f)
Täubling (m)	[ˈtɔyplɪŋ]	rúsula (f)
Tasse (f)	[ˈtasə]	taza (f)
Tee (m)	[teː]	té (m)
Teelöffel (m)	[ˈteːˌlœfəl]	cucharilla (f)
Teigwaren (pl)	[ˈtaɪkˌvaːʁən]	macarrones (m pl)
Teller (m)	[ˈtɛle]	plato (m)
tiefgekühlt	[ˈtiːfgəˌkyːlt]	congelado (adj)
Tomate (f)	[toˈmaːtə]	tomate (m)
Tomatensaft (m)	[toˈmaːtənˌzaft]	jugo (m) de tomate
Torte (f)	[ˈtɔʁtə]	tarta (f)
Trinkgeld (n)	[ˈtʁɪŋkˌgɛlt]	propina (f)
Trinkwasser (n)	[ˈtʁɪŋkˌvasɐ]	agua (f) potable
Tunfisch (m)	[ˈtuːnfɪʃ]	atún (m)
Untertasse (f)	[ˈʊntɐˌtasə]	platillo (m)
Vegetarier (m)	[vegeˈtaːʁiɐ]	vegetariano (m)
vegetarisch	[vegeˈtaːʁiʃ]	vegetariano (adj)
Vitamin (n)	[vitaˈmiːn]	vitamina (f)
Vorspeise (f)	[ˈfoːɐˌʃpaɪzə]	entremés (m)
Würstchen (n)	[ˈvʏʁstçən]	salchicha (f)
Waffeln (pl)	[ˈvafəln]	gofre (m)
Walderdbeere (f)	[ˈvaltʔeːɐtˌbeːʁə]	fresa (f) silvestre
Walnuss (f)	[ˈvalˌnʊs]	nuez (f)
Wasser (n)	[ˈvasɐ]	agua (f)
Wasserglas (n)	[ˈvasɐˌglaːs]	vaso (m)

Wassermelone (f)	['vasɐmeˌloːnə]	sandía (f)
weiße Bohne (f)	['vaɪsə 'boːnə]	fréjol (m)
Weißwein (m)	['vaɪsˌvaɪn]	vino (m) blanco
Wein (m)	[vaɪn]	vino (m)
Weinglas (n)	['vaɪnˌglaːs]	copa (f) de vino
Weinkarte (f)	['vaɪnˌkaʁtə]	carta (f) de vinos
Weintrauben (pl)	['vaɪnˌtʁaʊbən]	uva (f)
Weizen (m)	['vaɪtsən]	trigo (m)
Wels (m)	[vɛls]	siluro (m)
Wermut (m)	['veːɐmuːt]	vermú (m)
Whisky (m)	['vɪski]	whisky (m)
Wild (n)	[vɪlt]	caza (f) menor
Wodka (m)	['vɔtka]	vodka (m)
Wurst (f)	[vʊʁst]	salchichón (m)
Zahnstocher (m)	['tsaːnˌʃtɔχɐ]	mondadientes (m)
Zander (m)	['tsandɐ]	lucioperca (f)
Zimt (m)	[tsɪmt]	canela (f)
Zitrone (f)	[tsiˈtʁoːnə]	limón (m)
Zucchini (f)	[tsʊˈkiːni]	calabacín (m)
Zucker (m)	['tsʊkɐ]	azúcar (m)
Zunge (f)	['tsʊŋə]	lengua (f)
Zwiebel (f)	['tsviːbəl]	cebolla (f)